図解
基本からよくわかる
物流のしくみ

(株)イー・ロジット代表
角井亮一 監修

日本実業出版社

はじめに

　この本を手に取っていただき、そして読んでいただき、ありがとうございます。
　いま、物流は、これまでにないほど注目を集めています。私自身、テレビやラジオに物流専門家として出演のお声がけをいただく機会も増えました。これは、私個人がどうこうというよりは、物流が世間一般に注目され始めたからです。
　本書を手に取られた人は、物流に興味のある方だと思います。物流業界や企業の物流部門で働いている方以外にも、学生や若手ビジネスパーソン、金融業界の方もいらっしゃるでしょう。近年、運輸・倉庫セクターの金融証券アナリストの数が増えていると聞きました。
　このように業界内外の関係者から物流が脚光を浴びているのです。
　物流は、経済活動になくてはならない機能です。ドラッカーは、物流を「暗黒大陸」にたとえて、「物流に注目せよ！」と訴え、企業経営における物流の重要性を指摘しました。また、物流は、生活になくてはならない機能です。物流なくしては、コンビニやスーパーに商品が並びません。
　戦争もそうです。『三国志』に出てくる名軍師、諸葛孔明もロジスティクス（食料の供給体制）が組めなければ戦争をしませんでした。
　さらに、物流を上手に使うことで、売上を上げたり、利益を上げたり、顧客サービスを向上させたりすることができます。
　だからこそ、「物流を制する者は、市場を制す」と言われるのです。
　ぜひ、この本で、物流の知識レベルや実務レベルを向上できるよう、学んでください。

　2001年に、日本実業出版社から、1冊目の著書『よくわかるIT物流』を出版してから、13年が経ち、この本が13冊目となりました。しかも、

拙著の中には、日本語だけでなく、英語、中国語の簡体字と繁体字（中国本土と台湾）、韓国語と、いろいろな言語でも出版されたものもあります。
　多くの国で多くの人に読んでいただけたことにとても感謝しています。

　この本は、物流が注目を集め、企業戦略における物流の重要性が高まっている現在にあって、初級者の人でも物流のしくみがわかることを意識してまとめました。
　今回の本は、私、角井が初めて監修する本です。執筆は、当社イー・ロジットのコンサルタントの2名、宮野雅則と清水一成が書いています。
　この2名の書く内容は、当社でみっちりと勉強したこともあり、私、角井の物流の考え方や戦略物流の在り方を十分に理解し、踏襲しています。すでに40回を数える当社の初級者物流講座で、わかりやすいと評判の講師です。物流部門で仕事をすることになった若手社員からベテランまで、飽きが来ずに、すぐに役立つ内容の本に仕上がっていると自負しています。もしそうなっていないとすれば、私の力不足ゆえのものです。

　本書を読んだみなさまが、それぞれの業界で活躍することにより、物流がさらに注目され、日本経済や日本企業の競争力が増すことを期待しています。

株式会社イー・ロジット
代表　角井亮一

〈図解〉基本からよくわかる物流のしくみ ◆ もくじ

第1章 物流を知る前に、まず流通を知ろう

- 1.1 ふだんの暮らしを豊かにする経済の３大活動 ……………… 8
- 1.2 流通の機能における２大機能 ……………………………… 10
- 1.3 流通の発展と消費の変化 …………………………………… 12
- 1.4 小売業の役割とは …………………………………………… 14
- 1.5 卸売業の役割とは …………………………………………… 16
- 1.6 世界基準で変わってきた流通経路の仕組み ……………… 18
- 1.7 日本の生産と流通の変化 …………………………………… 20
- 1.8 これからの日本の流通業 …………………………………… 22

Column 1　物流現場でのあいさつは毎日の積み重ねが大切です！　24

第2章 物流の役割を知ろう

- 2.1 流通を支える物流の重要性 ………………………………… 26
- 2.2 私たちの生活を物流が支えている ………………………… 28
- 2.3 物流で商品価値と企業イメージが変わる ………………… 30
- 2.4 東日本大震災と物流 ………………………………………… 32
- 2.5 物流の６大機能 ……………………………………………… 35
- 2.6 業種を切り口にした物流の種類 …………………………… 38
- 2.7 物流にも動脈と静脈がある ………………………………… 40
- 2.8 物流ネットワークの効率化が顧客満足につながる ……… 42
- 2.9 ロジスティクスの概念 ……………………………………… 44
- 2.10 ロジスティクス管理とSCM ……………………………… 46
- 2.11 7Rの原則 …………………………………………………… 48

Column 2　東京オリンピック開催による物流への影響は？　50

第3章 強い会社が備えもつ戦略物流

- 3.1 物流6大機能に2大機能を加えた物流8大機能 ……………… 52
- 3.2 企業戦略に密着する物流戦略 …………………………………… 54
- 3.3 物流戦略の3層構造と組織の役割 ……………………………… 58
- 3.4 3PLは荷主企業の戦略物流統括部 ……………………………… 62

Column 3 物流におけるPDCAで大切なことは？　66

第4章 輸配送の役割を学ぶ

- 4.1 輸配送とは ………………………………………………………… 68
- 4.2 トラック輸送の実態と課題 ……………………………………… 70
- 4.3 輸送効率の算出法 ………………………………………………… 72
- 4.4 鉄道輸送の仕組み ………………………………………………… 74
- 4.5 鉄道輸送の課題と今後の展望 …………………………………… 77
- 4.6 貿易を担う海上輸送の仕組み …………………………………… 80
- 4.7 スーパー中枢港湾とは …………………………………………… 82
- 4.8 航空貨物輸送の仕組み …………………………………………… 84

Column 4 ドライバーは慢性的な人材不足？　86

第5章 包装の役割

- 5.1 包装って何のためにあるの？ …………………………………… 88
- 5.2 工業用包装と商業用包装の違い ………………………………… 90
- 5.3 包装材料の種類 …………………………………………………… 92
- 5.4 包装の3種類 ……………………………………………………… 94
- 5.5 適正包装の5つの条件 …………………………………………… 96
- 5.6 シッピングマーク（荷印）とケアマーク ……………………… 98

5.7	包装標準化の5つのメリット	100
5.8	効率よく荷物を運ぶユニットロードシステム	102
5.9	荷崩れの防止策	104

Column 5 トヨタの"カイゼン"が賞賛される理由　106

第6章　倉庫・物流センターの重要な役割

6.1	荷役とは	108
6.2	検品とは	112
6.3	入荷の流れと留意点	116
6.4	出荷の流れと留意点	118
6.5	荷役と安全教育	120
6.6	保管の目的	122
6.7	ロケーション管理とは	123
6.8	在庫管理とは	126
6.9	在庫と物流コストの関係	130
6.10	棚卸とは	132
6.11	流通加工とは	135

Column 6 「グッドマンの法則」とは？　138

第7章　物流の効率化に必要な情報システム

7.1	物流には物流に特化した情報システムが必要	140
7.2	情報システムで作業パフォーマンスを最大にする	142
7.3	誤出荷率を低減する出荷検品システム	145
7.4	輸配送系の物流システム	148

Column 7 物流システムに数億円かけたのに……　152

第8章　物流コストの基礎知識

- 8.1　物流コストを知っておいたほうがいい理由 …………………… 154
- 8.2　企業の経費と物流コストの関係 ………………………………… 158
- 8.3　財務会計と管理会計上の物流コスト …………………………… 160
- 8.4　物流コストの捉え方①〜簡便法〜 ……………………………… 162
- 8.5　物流コストの捉え方②〜物流ABC〜 ………………………… 168
- 8.6　物流サービスとコストの関係 …………………………………… 172
- 8.7　コスト改善計画に必要な指標 …………………………………… 174

Column 8　在庫整理は先手必勝　178

第9章　主要業種・業態の物流最新形態

- 9.1　通販業界 …………………………………………………………… 180
- 9.2　コンビニチェーン ………………………………………………… 183
- 9.3　生鮮食品業界 ……………………………………………………… 185
- 9.4　広域食品スーパーチェーン ……………………………………… 188
- 9.5　出版業界 …………………………………………………………… 191
- 9.6　製造小売型アパレル（SPA） …………………………………… 193
- 9.7　スポーツ用品業界 ………………………………………………… 196
- 9.8　外食（ファミレス・居酒屋チェーン） ………………………… 198
- 9.9　ドラッグストアチェーン ………………………………………… 201

索引　203

カバーデザイン●藤田美咲／本文組版●一企画

第1章

物流を知る前に、まず流通を知ろう

1.1 ふだんの暮らしを豊かにする経済の３大活動

人々の生活は、経済の３大活動「生産・流通・消費」が密接に連携しないと成り立ちません。

■私たちは日々、消費をして生きている

　私たちは、ふだんの生活においてコンビニでお菓子を買ったり、ファミレスで食事をしたり、デパートで洋服や靴を買ったり、電車に乗ったりと、気がつかないうちに、みんな自然に経済活動に参加しています。

　人が生きていくためには、様々な欲求を満たす必要があります。お腹が空けば、何かを食べるために食材を買わなくてはならないし、みんながもっているスマホが欲しい、あこがれの車を買いたいなど様々な欲求もあります。この「何かが欲しい」と思う気持ちこそ、私たちが経済活動に参加する出発点なのです。

■多くの人が求める商品やサービスを提供するために

　「人の欲はつきない」とよく言われます。商売は、人の欲を満たすためにあると言っても過言ではありません。より多くの人が求める商品やサービスを作りだして売ることができれば、商売は儲かります。

　とくに、人が生きていくために必要な"衣食住"に関連した産業で、多くの人は仕事をして働いています。

　そんな、みなさんが働く社会の中で、より多くの人が欲しがるものを作るために商品の「生産」が行なわれます。この生産された商品を、より多くの欲しいという「消費者」がいる場所までもっていくために「流通」が必要性になるのです。流通は消費者の「需要」と生産者による「供給」の関係を円滑に結びつけるという、大事な役割を担っているのです。

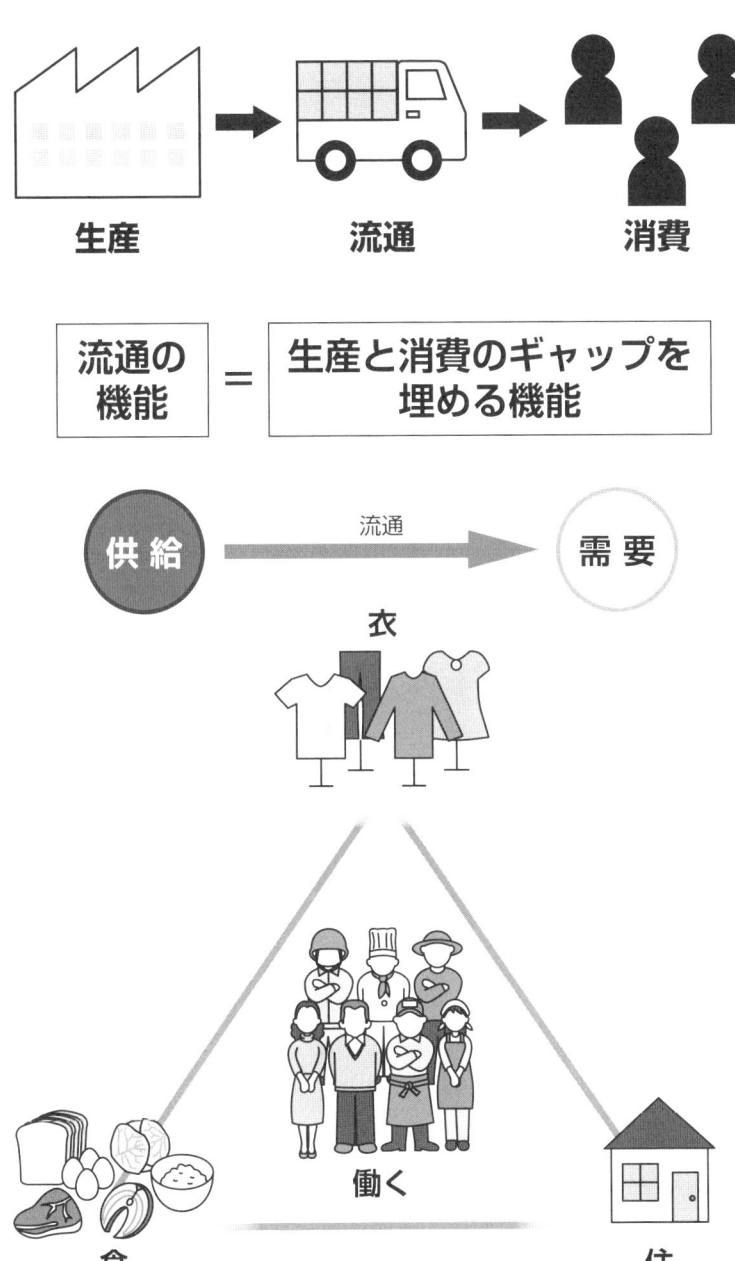

1.2 流通の機能における2大機能

商流と物流の密接な情報連携により、消費者のもとに商品がスピーディに届きます。

■流通の機能における「商流」と「物流」とは？

現在では、欲しいと思えば、世界中の商品を、インターネットを使って簡単に購入できます。

日本国内での取引であれば、アマゾン、アスクルのように注文した商品が、当日または明日には配達されてきます。しかし、海外のネットショップなどで購入した場合は、すぐには商品が届きません。

例えば、フランスのネットショップで洋服を購入してクレジットカードで払った場合、この代金決済が完了した段階で、その商品の所有権はあなたのものになりますが、商品自体が海を渡って日本に届くには数日間かかります。

このような売買にともなうモノの取引活動とお金の流れを「商流」と言います。そして、商品の現物をお客の欲しいタイミングまで倉庫に保管し、届けてほしいタイミングで飛行機や船やトラックに積み込んで輸配送する流れを「物流」と言います。

▶商流（商的流通）⇒受発注などの取引活動の流れ＋お金の流れ
　交渉・契約・所有権の移転・代金決済・情報の移転など
▶物流（物的流通）⇒生産物（商品自体）の流れ
　物流5大機能（輸配送・包装・保管・荷役・流通加工）

「物流業」は、適正な品質を保ったまま商品を保管し、注文があった商品を間違いなく、迅速にお客様の求めるタイミングで商品を届けることを仕事にしています。

第1章 物流を知る前に、まず流通を知ろう

〔流通の機能は大きく2種類〕

商流
所有・情報のギャップを埋める機能
交渉・契約・権利関係移転・代金支払いなど

物流
時間・空間のギャップを埋める機能
輸配送・包装・保管・荷役・流通加工

〔生産と消費の乖離〕

生産と消費の乖離（かいり）を解消する4つの機能とは？

① 所有の乖離
② 場所の乖離
③ 時間の乖離
④ 量の乖離

解消するには？ →

① →取引・販売
② →輸送
③ →保管
④ →流通加工

■商流（例：お米の流れ）

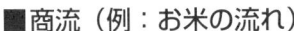

稲作農家 → 農協 → 農協 → 卸 → 小売 → 消費者
取引・販売　取引・販売　取引・販売　取引・販売　取引・販売
　　　　　所有権　　　　　**所有権**　　　　　**所有権**

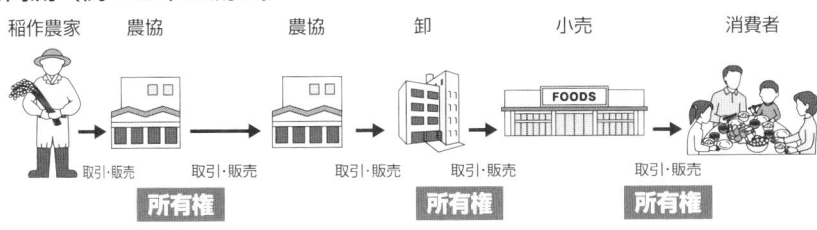

■物流（例：お米の流れ）

宮城県　輸送　保管　流通加工　東京都（大消費地）

※場所・時間・量を調整している
〔保管してある、お米を必要に応じて出荷する〕

11

1.3 流通の発展と消費の変化

近年の急速な社会の発展により、日々の消費のスピードが加速しています。生産者と消費者を円滑に結ぶ流通の役割はとても大切なのです。

■流通の発展により大量生産、大量消費社会へ

戦後約70年を迎える今日の日本は、流通の高度化とともに進化してきました。日本社会は、欧米諸国同様に、3段階のステップを踏んで発展をしてきました。そのステップとは①農業社会⇒②工業社会⇒③情報社会というものです。

まず、①農業社会では、自分で田畑を耕して農業を行ない、食料を確保します。やがて、集団で効率よく農業を行なうようになった結果、余った食料が出てきて、近隣の村と食べ物を交換する「物々交換」が行なわれるようになりました。

その後、村から町に発展するにつれて、大規模な「市場」が各地で発展し始めます。そこで、物々交換から、支払手段としての「貨幣」が生まれ、モノの価格や相場ができあがってきたのです。

やがて、モノがより多く行き交うための「街道」や「都市」が整備され、全国を結ぶ「流通網」が整備されてくるのです。

この流通網のおかげで、各地でできた農産物などを今まで運べなかった遠方に短い時間で運べるようになりました。そのため、地方の肥沃な農地のある地域では農業を、港に近い海のある地域では漁業を、大都市では呉服屋や大工、鍛冶屋、料理屋などといった商業を地域ごと、職業ごとの「分業化」が進みました。

現代では、産業革命以降、工業がより発達して機械化が進み、郊外の大きな工場で商品を大量に作り、流通網を使ってトラックにより大量の商品を都市に運びいれ、スーパーや百貨店の店頭で販売され消費されるという仕組みができあがってきました。

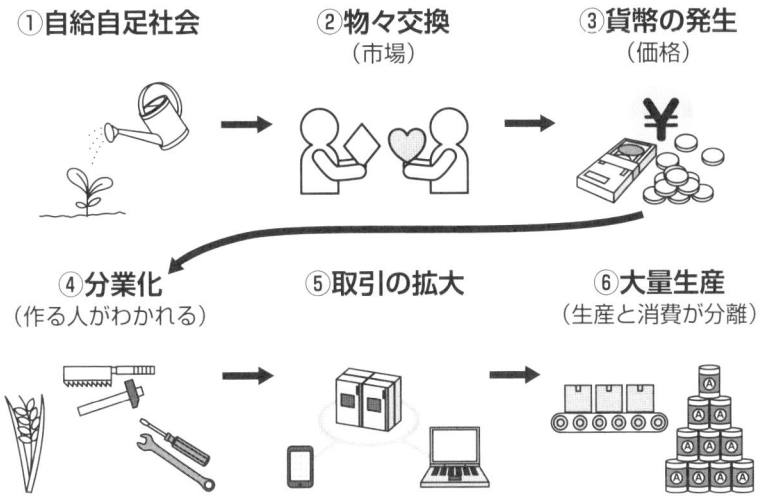

　今や、すべての商品が情報データで管理され、店頭で商品が売れればバーコードがスキャンされ、POSシステム（販売時点情報管理システム）により、売れた情報のデータが管理されています。「いつ、どこで、誰が、どんな商品を、いくつ購入したか」といった購入データや顧客情報を販売側が管理するといった、情報化の進んだ社会になっています。

　また、電車に乗るときに「ピッ」、コンビニでの支払いに「シャリーン」と、商品購入の支払いにこれまでの現金の代わりに、カードや携帯電話を利用する電子マネー（スイカ・ワオン・ナナコなど）を使う機会が増えてきました。近年、現金やクレジットカードに代わる決済方法として、電子マネーの発行枚数はどんどん増加しています。電子マネーがより普及してお金をもたずに買い物ができる便利な世の中になっていくことでしょう。

　かつての自給自足社会から、工業化を経て大量生産、大量消費社会へと発展してきました。さらに情報量の増加や情報のデータ化にともない、生産者と消費者を結びつけるために「流通」の果たす役目は、今や私達が生活するために欠かせないものとなっているのです。

1.4 小売業の役割とは

みなさんが何気なく、コンビニエンスストアで購入するおにぎりやお茶も流通に携わる業界で働く人達のおかげで店頭に並んでいます。

■ 消費者に対する小売業の役割

　生産者から消費者に商品を届ける潤滑剤の役割をするのが流通業です。この流通業を担っているのが小売業者、卸売業者です。

　小売業や卸売業は、メーカーの営業・営業販売部門、物流を担う運輸・物流事業者、販売管理や受発注管理、倉庫管理システムを管理するシステム会社の支えがあって、成り立っています。

　そんな流通を支える、日本の流通事業者の小売業・卸売業に従事する人は、小売業で約800万人、卸売業には約400万人います。合計で約1200万人であり、労働者全体の20％を占めていて、5人に1人は流通業の従事者ということになります。

　「消費者に対する小売業の役割」には、次の8つがあります。

1．商品の品質チェック機能
　メーカーが適正な品質の商品を作っているのかをチェックしているので、消費者は安心して商品を購入できます。

2．適切な品揃え機能
　消費者のニーズを満たしたサイズや色などを取り揃えているので、買い物を楽しむことができます。

3．適切な在庫調整機能
　小売店にいつでも商品が置かれているので、消費者は、大量の家庭内在庫（ホームストック）をもたないでも毎日暮らせます。

4．価格調整機能
　消費者が魅力を感じる商品の価格を、調整（消費者に安く提供）でき

るサービスがあります。

5．商品情報・流行情報・生活情報などの提供機能

　小売業は、商品を販売するだけではなく、取扱い商品に関連する様々な情報（商品情報・流行情報・生活情報）も提供しています。

　最近では、インターネットを利用した電子商取引（EC）も発展しています。

6．時間と立地上のベネフィット提供機能

　小売業が、都市部だけでなく、地方にもあり、そのライフスタイルに応じて営業しているため、消費者は不便を感じないでいられます。

7．販売システムを通じたサービスの提供機能

　小売店のアフターサービス活動（包装、配達、信用供与など商品の販売に付随するサービス）を提供しています。また信用供与については、カード化の進展にあわせて顧客のデータベース化が進んでいます。

8．買い物の楽しさを提供する機能

　小売業には買い物をする楽しさを提供する機能があります。100円ショップなどは、まさにこの典型的な例と言えます。

1.5 卸売業の役割とは

> 卸売業（問屋）は、かつて業態ごとに米問屋、油問屋などがありましたが、時代の変化とともに統合され、その機能を進化させてきています。

■製造者と小売業の両方と取引がある卸売業

　卸売は、製造業や市場から商品を仕入れ、小売業者に商品を販売する（卸す）業態です。

　卸売業は、製造者と小売業の両方と取引するため、今、どのような商品が製造されているか、またこれから製造される商品はどのようなものかという情報と、消費者にはどのような商品が売れているかという情報の双方を知り得る立場にあります。

　商品の製造から消費に至る流通過程で重要な位置を占めています。

　また、商品流通において、メーカーと地域需要とを橋渡しする役目を担っています。

■卸売業の5つの機能とは

　卸売業の役割は、次の5つの機能を果たすことにあります。

1．調達・在庫管理・販売機能
　メーカーから商品を仕入れ、期限やロットなどを情報システムで管理します。商品を小売業が必要とするときに、必要な量を販売します。

2．物流機能
　専用物流センターを設けて、小売店からの少量多頻度の注文に対してもきめ細かい配送・納品体制を整えています。

3．金融機能
　小売店への貸付、信用保証など、資金的な支援を行ないます。

卸売業の役割

1. 調達・在庫管理・販売機能
2. 物流機能

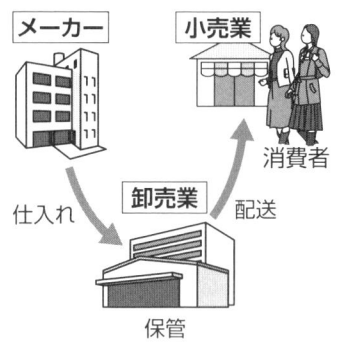

3. 金融機能

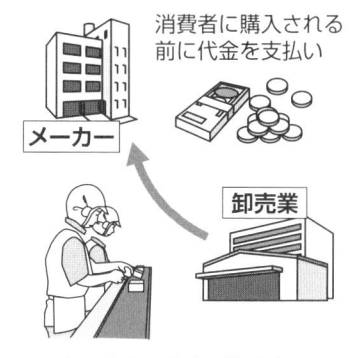

4. 情報提供機能

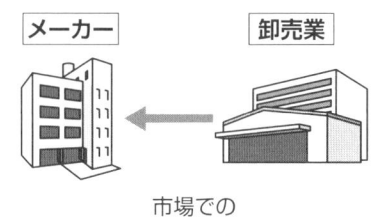

市場での
販売実績情報を提供

5. 経営支援機能

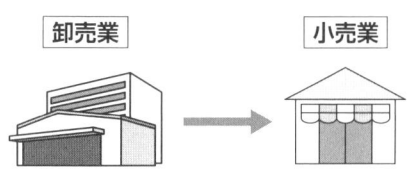

売り場作りや
定員の教育などを支援

4．情報提供機能

メーカーと小売業の間に位置するため、メーカーに対して市場での販売実績についての情報を提供します。また、小売業に対しては、メーカーからの新製品情報、競合他社の売れ筋、死に筋商品情報などを提供します。

5．経営支援機能（リテイルサポート）

取引先である小売店の商品がよく売れて経営状態がよければ、注文も増えます。小売店の売上が卸売業の売上にもなるため、売り場作りや店員の教育などを支援します。

1.6 世界基準で変わってきた流通経路の仕組み

現在、大量消費社会とも言われ、新しい商品が店頭に並んでは消えていきます。アジア諸国の消費量の増大で流通の仕組みが変化しています。

■海外で売上を伸ばすには効率的な流通網の構築がカギ

近年のグローバル化した社会において、欧米はもとより、中国・インド・タイ・ベトナム・ラオス・バングラデシュ・ミャンマーなどアジアの新興国が大きく発展する中でアジア各国の市場が大きくなっています。それにともない、日本だけでなく世界の流通経路の仕組みも大きく変化しています。

日本企業もアジア各国で、日本製品をたくさん販売するために、流通網の仕組み作りに動いています。国によって法規制や宗教、国民性、商習慣、市場環境の違いもあり、広告・宣伝などに予算を投じていても、一部の企業を除いて、うまくいっていない状況だと言えます。

つまり、どんなによい商品を適切な価格とプロモーションを通して消費者に伝えても、実際に商品が流通しなければ、売上が立たないのです。各国で売上を伸ばすためには、効率的な流通網をいかに早く構築できるかがカギを握っています。そんな中で、海外市場において欧米の企業が流通網をいち早く構築して勝ち残っているのが現状です。

■流通経路の仕組み作りの見直しを図る

現在、日本の流通の仕組みは、小売業が1個単位など極端な多頻度小口発注を行ない、一次卸、二次卸を通してそれを卸売業が多頻度で店舗に納品をする商習慣があり、複雑になっています。

それと比較すると欧米の流通の仕組みは、小売業が自ら物流センターをもち、メーカーの工場に直接商品を取りに行って自社物流センターに納品をするという、メーカーと直接取引を行なうシンプルな仕組みが多

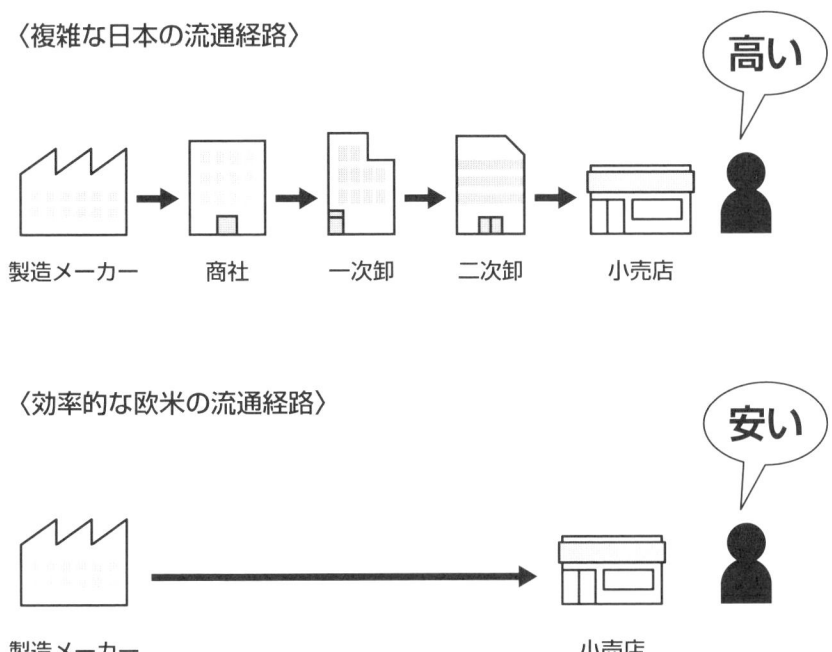

く取り入れられています。日本と違って、多頻度小口配送の負担から解放されるため、圧倒的に物流コストを抑えることができるのです。

　これまでの日本流の流通スタイルから、グローバルスタンダードな流通のスタイルに進化させる取り組みが、コンサルティング会社や行政によって進められました。しかしながら、どの取り組みもうまく進みませんでした。現在は、イオングループやコストコなどの企業が中間流通をとばした取引を一部で行なっています。

1.7 日本の生産と流通の変化

> 商品の流行り廃りのスピードが加速しています。消費者ニーズの多様化によって、多品種で小ロットの生産体制や在庫管理が求められています。

■経済の成熟化によって消費者のニーズも多様化

かつてにぎわった商店街は寂れてしまい、多くがシャッターをおろしています。現在、人々は大型のスーパーや百貨店、専門店など大量多品種の商品を取り揃えている小売店に買い物に行く時代になっています。

そんな品揃え豊富なお店であっても、最近は、消費者の求める品揃えがしっかりできていなければ、即座に売上を落としてしまいます。

日本の経済が発展期、とくに1970年代生まれの「団塊ジュニア」と呼ばれる毎年200万人以上の子どもが生まれた世代が学生でいたころまでは、単一の商品がたくさん売れていました。そのころは、生産(メーカー)と流通(商売人)は、分業関係でした。生産された商品は、流通側が完全に買い取ることで、生産者は計画的な生産活動に専念することができ、流通側は売ることに専念できたのです。

しかし、現在は、少子高齢化で人口も減少傾向にあります。また、経済の成熟化によって、消費者のニーズは多様化しており、単一の商品の改廃のスピードも早くなっています。コンビニの棚の商品が毎月のように入れ替わっているのを見れば、そのことがよくわかります。

■適正な在庫を保つためには生産と流通の連携が必要

大量生産も需要予測を誤ると大量の返品となってしまいます。

今後は、生産と流通は密接に連携して、在庫をできるだけもたないように、小売側の需要情報のタイミングに応じて生産計画を変更し、多品種少量の商品を作ることができる生産体制が求められているのです。

「大量生産・大量消費から多品種少量消費へ」

〈大量生産・大量消費社会〉

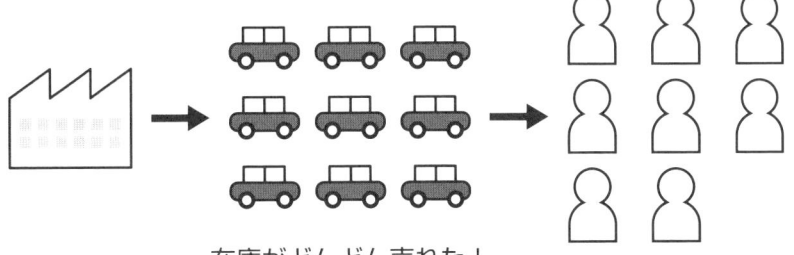

在庫がどんどん売れた！

生産・流通の部分最適で儲かった

〈多品種少量消費社会〉

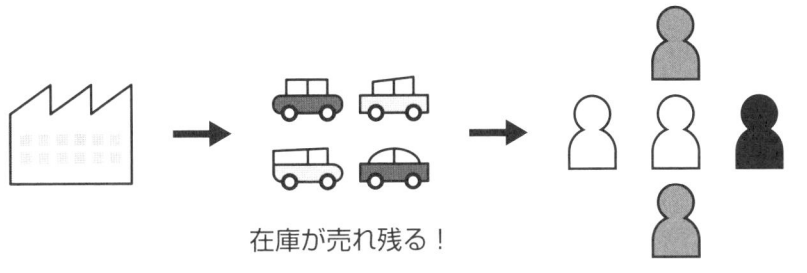

在庫が売れ残る！

生産・流通の情報共有による全体最適を考えないと儲からない

1.8 これからの日本の流通業

最近はどこに行ってもモノが売れなくなったという言葉を聞きます。反対に海外旅行などサービスの分野は売上げを伸ばしています。

■商品が売れない状況の中で進む再編

現在、世の中の消費は、所有価値（モノ）から使用価値（コト）へと変化しています。若者は自動車の免許を取らず、当然自動車を買うこともない。代わりに旅行や趣味、外食など娯楽やレジャーを楽しむ傾向が強くなっています。

モノがあふれ、食品や衣料品、かばんに靴など、必要なものはどこでも買うことができます。消費者は、本当に価値のある独創的な商品やその時の流行りの商品しか購入しないのです。ちょっと旬を過ぎた商品は、値段を半額にしても売れないこともあります。

このような商品が売れない状況の中で、流通業界は再編が加速しています。

■商品そのもの以外の価値が重要に

少子高齢化による市場の縮小が見込まれ、流通業の国内成長には限界があります。すでにイオンのように海外に店舗を積極的に出店して、海外での流通を加速させている企業もありますが、他の大手小売業も海外での販売に本腰を入れて取り組まなくてはならなくなっています。

今後の日本の流通業は、商品だけでなく、日本流のサービスも合わせて消費生活を豊かにする流通を海外で提案していく必要があります。

商品そのものの価値だけでなく、ふだんの生活の中で、その商品の使い方や楽しみ方を提案したり、ビッグデータを活用して生活の問題を解決する情報を提供したりするなど、「モノとコトを融合」したサービスをどんどん進化させた企業が勝ち残るのだと言えます。

小売チャネル別売上と主要業態別売上の推移

〈小売チャネル別売上推移〉

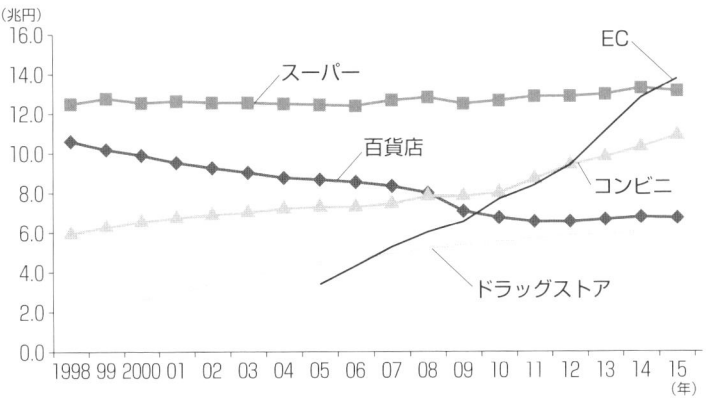

出所：経済産業省「商業動態」「電子商取引実態調査」、日本チェーンドラッグストア協会
表作成：山田ビジネスコンサルティング株式会社

〈売上高の推移（主要業態別）〉

	2002年	2016年
百貨店	8.6兆円	6.8兆円（↘）
総合スーパー	15.9兆円	13.2兆円（↘）
コンビニ	6.7兆円	11.4兆円（↗）
ドラッグストア	2.7兆円	5.7兆円（↗）
通信販売	2.5兆円	6.9兆円（↗）
ホームセンター	3.8兆円	3.3兆円（↘）
小売業全体	136.8兆円	139.8兆円（↗）

出所：商業販売統計、業界団体調査

Column 1

物流現場でのあいさつは毎日の積み重ねが大切です！

　物流現場であいさつがない現場は、ミスや事故が多いと言われます。コミュニケーションの少ない現場は、毎日ただ仕事をするだけのつまらない職場になってしまいます。

　コミュニケーションが活発な現場から良好な人間関係が生まれ、お互いに助けあう気持ちが生まれてくるものです。その始まりがあいさつなのです。

　結局のところ、あいさつの本質は、自分の心を伝える行為に他なりません。心がなければ継続することはできませんし、いくら心で思っていても、キチンとわかるように示さなければ、相手に伝わることはありません。あいさつをするときは心を込めて、形にし続けることで、初めて自分の"大きな財産"になるのです。

　ときには「あの人、ちょっと苦手だなあ」という相手もいるでしょう。そう思いながらあいさつをすると、相手もあなたの気持ちを何となく感じ取ってしまうものです。

　それではあいさつの意味がありません。あいさつがただの形式になってしまうと、習慣化することもできなくなります。

　京都の老舗旅館「柊家（ひいらぎや）」で仲居さんとして60年間勤めた故・田口八重さんは、「人に会う仕事は、会ったときに『あの人嫌だ』と思ったらこっちの負けだ。自分の土俵で仕事をするためには、会ったとき、相手のいいところを何でもいいから見つけなさい」と言っています。

　相手に対する思いは、必ず自分に戻ってくるものです。"心は鏡"という気持ちをつねにもって、あいさつをすることが礼儀と言えるでしょう。

　同じ職場で働く仲間、取引先など、きちんとあいさつをすることでお互いの心を交わし、円滑な関係を築くことができます。

第2章
物流の役割を知ろう

2.1 流通を支える物流の重要性

生産者と消費者の場所の隔たりをつなぐ「輸配送」。商品を保管する「物流センター」が物流の基本的な役割を担います。

■物流とは、生産物を移動させる流れのこと

「物流というと、どんなことをイメージしますか？」と質問をすると、トラック、倉庫、引っ越し、きつい仕事などいろいろな意見が出てきますが、一番多い回答が、宅配便のお兄さんが荷物を運んでいるイメージです。

日本で、1つの商品が、生産者から消費者の元へと届くときの流通の流れを考えてみましょう。

まず、商品の原材料を世界各地から調達します。これらは、365日休むことなく、日本に輸入品として入ってきます。その輸入された原材料を、メーカーが加工して製品にします。その製品を、消費者の必要とするタイミングで、必要な数だけ届けるために、物流センターで適切に在庫をコントロールしながら出荷して消費者のもとに届けられています。このような、生産物を移動させる流れを「物流」と言います。

■物流全体を管理する「ロジスティクス」

現在、ただA地点からB地点に物を流す「物流」ではなく、物流全体を管理するために「ロジスティクス」の考え方を取り入れることが求められるようになっています。ロジスティクスとは、必要なものを必要なときに、できる限り効率よく（最適化して）運ぶことでビジネスの付加価値を高めることです。

近年、サプライチェーン・マネジメント（SCM）と言われる川上から川下までの商品の物流活動を統合的に管理できない企業は、利益を出すことも難しくなってきました。

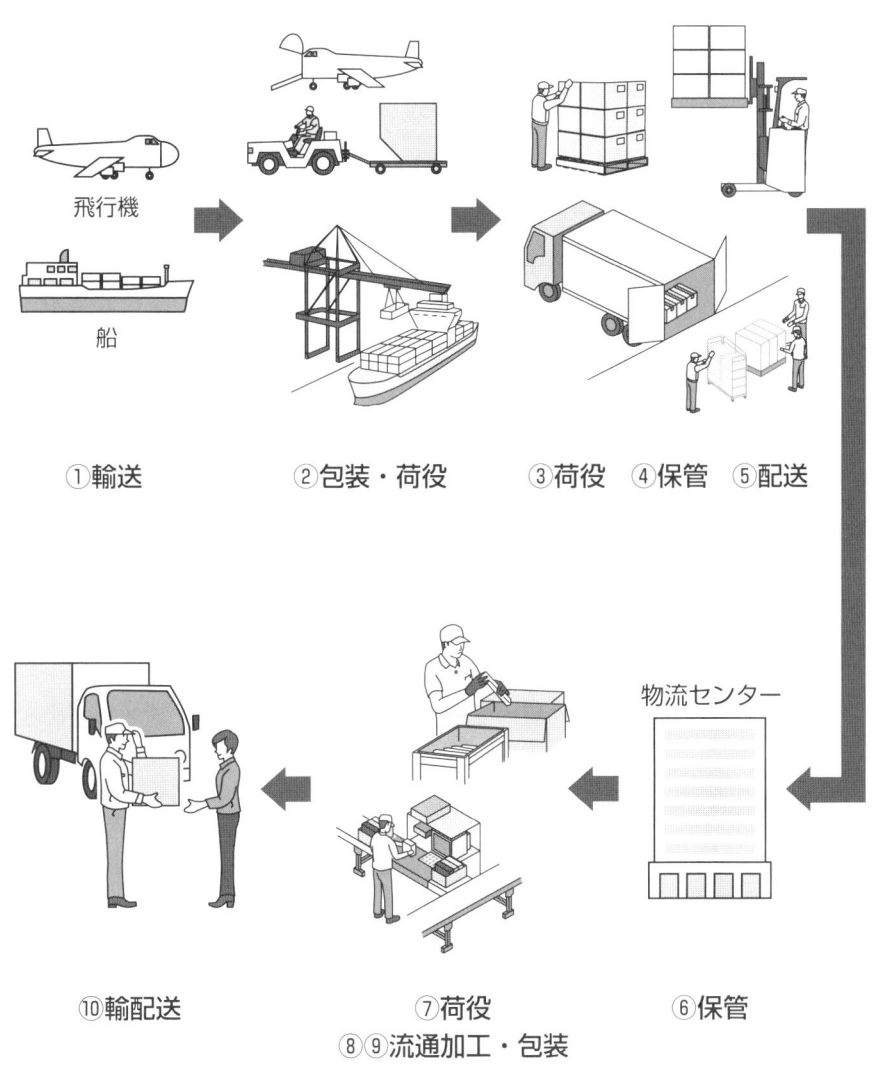

商品の物流活動を統合的に
管理してこそ利益が生まれる

2.2 私たちの生活を物流が支えている

ふだん何気なく、スーパーやコンビニに行けば商品が買える、こんな当たり前の生活を物流という縁の下の力持ちが支えています。

■好きなモノを必要な量を買えるのは物流のおかげ

スーパーやコンビニなど、あらゆるお店に商品が豊富に並んでいて、好きなモノを選んで必要な量を買うことができます。この豊富な品揃えは、メーカーで商品が作られ、物流センターで保管され、そこから運送会社のドライバーが決められた時間に運んで、店員が売れた分だけ陳列・補充するという活動のうえに成り立っているのです。

物流は、社会において重要な活動なのです。と言っても、日常生活において、物流や運送業に従事している人以外は、「物流はみんなの生活を支えている大切な活動だ」などとは意識していないでしょう。

物流の大切さに気づいたり考えたりするのは、大地震や台風による大雨などの自然災害に襲われたときぐらいです。このような非常事態になって、いつも店にある商品の棚にパンやおにぎりなど毎日食べているものがないという現実をつきつけられたときに物流の大切さに気がつくのです。

■日常の生活は物流なくして成り立たない

私たちの日常の生活は、"物流"なくして成り立たないと言っても過言ではありません。

物流で扱う商品は、自動車、原材料、機械、アパレル、食品、医薬品など多岐にわたります。私たちの生活に欠かせないあらゆる商品は物流によって流通していることを考えると、自社の物流機能を適切に把握し、自然災害などがあった場合に事業を継続させる物流体制をどのように築けばよいかを考えておくことが大切なのです。

第2章 物流の役割を知ろう

材料の調達から消費者のもとに商品が届くまで

サプライヤー

↓ 材料 ← 物流

工　場

↓ 製品 ← 物流

卸売業

← 物流

小売業

365日24時間買物できるのは物流のおかげ

コンビニ　スーパー　百貨店　その他 小売店

↓

消費者

業種間・拠点間のあらゆるプロセスで物流が必要

2.3 物流で商品価値と企業イメージが変わる

物流とは単なる作業ではありません。企業成長を支援する機能なのです。物流によって商品の付加価値が変わります。

■物流は利益増大のカギを握っている

　物流は、商取引において、商品を輸送して、保管し、消費者に向けて包装し、流通加工して出荷するというだけの単純なものではありません。高度経済成長期のように売上が右肩上がりではない現在、商品価値を高めたり、企業イメージをよくしたり、業務を効率化したり、コストを削減したり、利益を増やしたりするカギは物流が握っているのです。

　そのことが最もよくわかる業界が、通販業界です。近年、通販で買い物をする人が増加しています。自宅からインターネットで注文をすると、アマゾンやアスクルやヨドバシ.comなどであれば、その日のうちに商品が届きます。お店に買いに行く手間を考えると、その日のうちに届くネット通販の利用が増えるのもうなずけます。かさばるトイレットペーパーや紙おむつ、重たい飲料や米などを店で買って持ち帰ることは大変なので通販は非常に便利です。

■通販業界では物流サービスの競争が激化

　通販業界では、注文された商品を、1日、半日でも他社より早く消費者に届けられれば、急ぎのニーズにも応えられるため、消費者からの満足度や評価も高まり、他社よりも確実に注文を獲得する機会が増えます。

　現在、通販業界では、物流機能を強化する企業が増加しています。各社が物流サービスでしのぎを削っているのです。

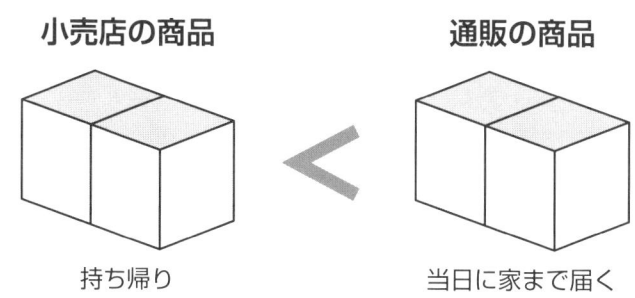

物流サービスが価値を決める

小売店の商品 < 通販の商品

持ち帰り　　　当日に家まで届く

持ち帰りが大変な人には、同じ商品でも価値が異なる

商品＝製品＋物流サービス

物流の使い方によって商品の付加価値が変わる

つまり

物流
＝
単なる作業

物流
＝
企業成長を促進する機能

2.4 東日本大震災と物流

自然災害によって大きな被害を受けた流通網は、その復旧の過程において物流のあり方について人々の意識を大きく変えました。

■物流のあり方を見直すきっかけになった大震災

2011年3月11日の東北地方太平洋沖地震（東日本大震災）は、流通網に深い傷跡を残しました。物流においても、トラック輸送が災害にも強い手段として大きな期待をかけられたものの、東北方面の高速道路が寸断され、一般道も津波による瓦礫の撤去が進まず、現地にたどりつけないトラックは周辺の道路で立ち往生する状況でした。

このような状況の中で、被災地に早く食糧や人を送り込むために、セブン＆アイホールディングスやイオン、ローソン、国分など小売業、卸売業各社は、いち早く物流網の復旧に乗り出しました。

セブン＆アイホールディングスは、関東、新潟・北陸などの製造工場から東北の店舗へ商品供給するバックアップ体制と1日3回の配送体制を敷いて、約1か月ほどで通常の物流体制に復旧させました。あらゆる輸送手段を検討し、イオンは、大阪伊丹空港から飛行機で青森にレトルト米飯を運び、北からのルートで仙台に運び入れ、国分は新潟経由で仙台に物資や人を運びました。

■震災時の対応は物流にかかわる企業の課題

このような状況下で、一部の大企業を除いて、全体として緊急物資輸送はうまく機能しませんでした。県の一次集積所や市町村の二次集積所への物流網は復旧が早かったものの、その先の各避難所への物流網が寸断されたままで、集積場には救援物資がストックされたままだったのです。

その原因は、自治体自体も被災して物流に対応できる人材が不足し、約2500か所あった避難所を把握できなかったからです。集積場から避難

東北地方太平洋沖地震は
物流の課題を浮き彫りに
した

自治体に代わって末端
輸送を行なった佐川急
便の車

所への末端の道路の寸断、運べるトラックや燃料の不足により、末端の
物流網の回復には時間がかかりました。このとき、自治体に代わって末
端輸送を行なったのがヤマト運輸や佐川急便などの宅配便会社でした。
2社が保有する詳細な物流網のデータがいち早く支援物資を運び、多く
の人命を救ったのです。

　なお、被災地ではない東京でもパニックになり、店頭の商品の買い占
めなどが起こり、コンビニやスーパーで商品の棚が空になるような状況
も発生しました。

全国から救援物資が運ばれ、多くの命を救った

　運送業界では、大阪から盛岡まで50万円などという法外な運賃を出した運送会社があり、便乗値上げで軽油1リットル200円など火事場泥棒のような値上げを行なう会社もありました。このように自然災害が発生すると思いもよらない事態も起こることを念頭に置いておかなくてはならないのです。
　東日本大震災を教訓に、災害に強い物流システムの構築に向けて官民の話し合いが定期的に行なわれています。震災以後、企業のBCP（事業継続計画）対策など多くの企業で被災した場合の物流のあり方について真剣に協議され、対策が練られています。

2.5 物流の6大機能

物流は、それぞれの機能が連携して消費者に向けての高い物流サービスとして機能するのものです。1つが欠けてもうまく機能できないのです。

物流は「輸配送」「保管」の2大機能に、「包装」「荷役」「流通加工」「情報処理」を加えた6つの機能で構成されています。

①輸配送

輸配送機能とは、荷物を供給者から需要者に移動させる活動です。物流コストの約60％を占めます。輸送は、一次輸送とも言われ、長距離大量の輸送を行ないます（A地点からB地点へ運ぶことを言います）。配送は、二次輸送とも言われ、近距離の小口輸送を行ないます（A地点を出発し、複数箇所に届けることを言います）。グローバル化した今日の世界で、おもにトラック、船、飛行機、鉄道の4つのモード（手段）で運ばれています。現在、トラックが国内の約90％、年間約50億トンの荷物を運んでいます。

②保管

保管機能は、物流センターなど保管施設を使って、生産者と消費者の間の時間的な格差を調整する役割を担う活動です。また、物流センターで保管している商品の価値を維持する活動も含まれています。保管機能は、冷凍・冷蔵倉庫が開発されてから機能が飛躍的に高まりました。

物流センターの種類には、在庫型の貯蔵型物流センター（ディストリビューションセンター：DC）と流通型物流センター（トランスファーセンター：TC）や食品加工のプロセスセンター（PC）などがあります。

③包装

包装は、物流のスタートです。生産ラインで作られた製品は、生産さ

物流の6大機能

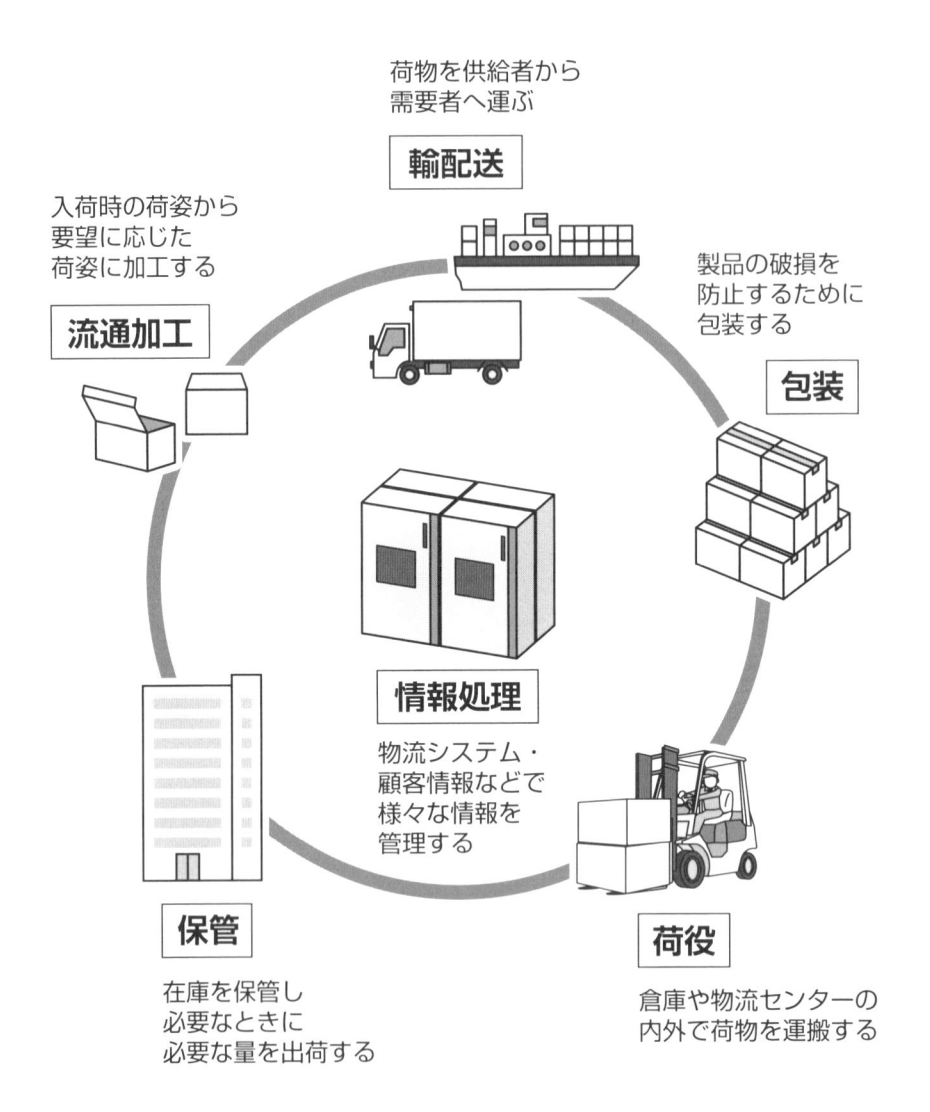

輸配送
荷物を供給者から需要者へ運ぶ

流通加工
入荷時の荷姿から要望に応じた荷姿に加工する

包装
製品の破損を防止するために包装する

情報処理
物流システム・顧客情報などで様々な情報を管理する

保管
在庫を保管し必要なときに必要な量を出荷する

荷役
倉庫や物流センターの内外で荷物を運搬する

それぞれの機能が連携して
高い物流サービスが実現される

れたばかりの裸の状態では、トラックに乗せて配送はできません。そこから、お客様のもとに届けるために、製品が傷ついたり、壊れたりしないための包装が行なわれます。包装の仕方1つで、物流活動全体の効率性が決まると言っても過言ではないくらい大切な機能です。

④荷役

荷役は、倉庫や物流センターの内外で荷物を運搬する活動です。荷役には6つの作業があり、物流の生産性と品質に非常に大きな影響を与えます。6つの作業とは、①荷揃え、②積み付け／積卸し、③運搬、④保管(棚入れ)、⑤仕分け、⑥集荷(ピッキングなど)のことです。物流の6～7割は移動時間です。ムダな荷役作業は、物流コスト増をもたらします。

⑤流通加工

入荷してきたケース商品をバラにして、お客様の求める単位に仕分けてパッキングして出荷します。このように、入荷時の荷姿から要望に応じた荷姿に変えることを流通加工と言います。つまり、商品に"付加価値"をつける作業です。従来は、メーカーや小売が行なっていた作業ですが、コスト面から物流センターで行なう作業になっています。

輸入品の医薬品やワインのラベルの貼りかえ、アパレルの検針作業、百貨店ごとの値札付け、書籍の短冊入れ、ラッピングなど、様々な流通加工が物流センター内で行なわれています。

⑥情報処理

物流センターでは、多くの情報が保管されています。受注したデータに始まり、ピッキングから出荷時間、配送日、配送途中の運送会社の荷物状況まで正確に管理されていなくてはなりません。とくに、日に何万件も処理する物流センターでは、ミスなく管理するために、倉庫管理や輸配送管理に特化した情報システム、また高度なマテハン機器(108ページ参照)を活用して、倉庫に入荷した商品がお客様の元に届くまで、どこにお客様の商品があるのかを管理する仕組みを作り上げています。

2.6 業種を切り口にした物流の種類

物流にもいろんな種類があります。業種ごとに物流の管理の方法や輸配送の方法も異なります。

　物流とひと言で言っても、扱う商品は多岐にわたり、扱う商品ごとにその輸配送の方法は異なります。現場での保管、荷役、ピッキング、包装、トラックへの積付けなどにも特徴があります。ここでは11業種を例に、それぞれの特徴を説明します。

①自動車部品物流
　国内や海外の自動車工場と自動車の部品の生産拠点まで、必要なモノを必要なときに必要なだけ運ぶ「ジャストインタイム」が求められます。輸配送においては物流センターでパーツの組み立て（アッセンブリー）なども行ない、できる限りまとめて配送します。

②化学品物流
　毒物劇物一般販売業登録などの手続きが必要なものもあります。輸配送には危険物、毒劇物や高圧ガス・粉粒体など専用のタンクローリーを用意したり、輸配送のノウハウが必要になります。

③精密機器・電子機器物流
　商品に振動や衝撃を与えない包装が求められます。輸配送にはエアサスペンションのついたトラックなどが必要になります。

④冷凍・冷蔵物流
　温度帯管理のできる倉庫とロットやトレーサビリティ（流通履歴）を管理できるシステムが求められます。冷凍・冷蔵車が必要です。

⑤生鮮食品物流
　産地でとれた野菜や魚の鮮度を落とさないようにして生産者から消費者まで運ぶ低温物流方式（コールドチェーン）が求められます。輸配送においては冷凍・冷蔵庫などが必要になります。

⑥医薬品・医療材料・医療機器物流

患者の治療に直接使うものも含まれるために、医薬品製造業許可、高度管理医療機器等販売業許可、医薬部外品製造販売業許可、体外診断用医薬品製造業許可、医療機器製造業許可などの免許を取得して、正確なロット管理、温度管理トレーサビリティの管理の仕組みが求められます。

⑦家具物流

運ぶものの重量があり、かさばるため、1人で積付けや積卸しができないものが多いのが特徴です。組み立て作業ができるノウハウがドライバーには求められます。輸配送においては、設置をともなうため2人配送が必要になります。

⑧アパレル物流

洋服や靴には、サイズ・色など多品種小ロットの細やかな管理が求められます。輸配送では、洋服をハンガーでつるしたまま運ぶ、ハンガー輸送があります。

⑨化粧品物流

化粧品販売業許可など免許を取得して、期限・ロット・湿度も含めた倉庫管理を行なわなくてはなりません。

⑩花き物流

コールドチェーンの確立に市場が対応できていませんが、産地からの直送など中小の運送会社の対応が多いのが特徴です。

⑪通販物流

受発送・在庫管理・発送代行を中小の3PL企業が行なっていることが多いのですが、近年、通販会社が自前で物流も含めたフルフィルメントサービス（商品の受発注、検品、梱包、発送、在庫管理や顧客データ管理、返品処理、クレーム処理、決済などを代行するサービス）を提供するようになっています。輸配送については、ヤマト運輸や佐川急便など大手宅配便会社と連携して行なっています。

このように、物流を業種で分けても様々な形態があり、業種に応じた専門的な物流の管理体制や輸配送のノウハウが求められます。

2.7 物流にも動脈と静脈がある

人間の心臓から送り出される血液のように物流は世の中を循環しています。近年、循環型の社会を目指して静脈物流に注目が集まっています。

■動脈物流・静脈物流とは？

　動脈物流とは、サプライヤーからの調達物流、メーカーの社内物流、顧客・ユーザーへの販売物流の流れのことを言います。静脈物流とは、顧客・ユーザーからの廃棄物流、回収物流、返品物流のことを言います。

　さて、世の中には、たくさんの商品が流通しています。スーパーやコンビニでは食品がところ狭しと並んでいて、百貨店や専門店には洋服や靴やアクセサリーなどが豊富に取り揃えられ、家具屋さんやホームセンターには家で使うソファーや日用品が取り揃えられています。人が生活するために必要な衣食住に欠かせない商品を、自分の好みに合わせて購入できることが今では当たり前のように感じられます。

　しかし、ひと昔前は、現代のように豊富に商品を取り揃えているお店はなく、米は米屋、野菜は八百屋、魚は魚屋、洋服は洋服屋、靴は靴屋、家具は家具屋と、欲しいものがあればお店をはしごして回って歩かなくてはいけませんでした。また、お店に行って欲しい商品がなかった場合は、注文をして入荷するのを待って再度訪問しなくてはなりませんでした。欲しいものを手に入れるのに、手間も時間もかかっていたのです。現在、お店には欲しいものがいっぱいあふれ、欲しいときに欲しいものが必要なだけ購入できるようになりました。物流の発展があったからなのです。

■社会問題解決のカギは静脈物流にあり

　戦後、日本は、めざましい復興を遂げ、各地で物資の運搬をスムーズにするための幹線道路の整備などが進められました。1956年の『経済白

「動脈物流」と「静脈物流」

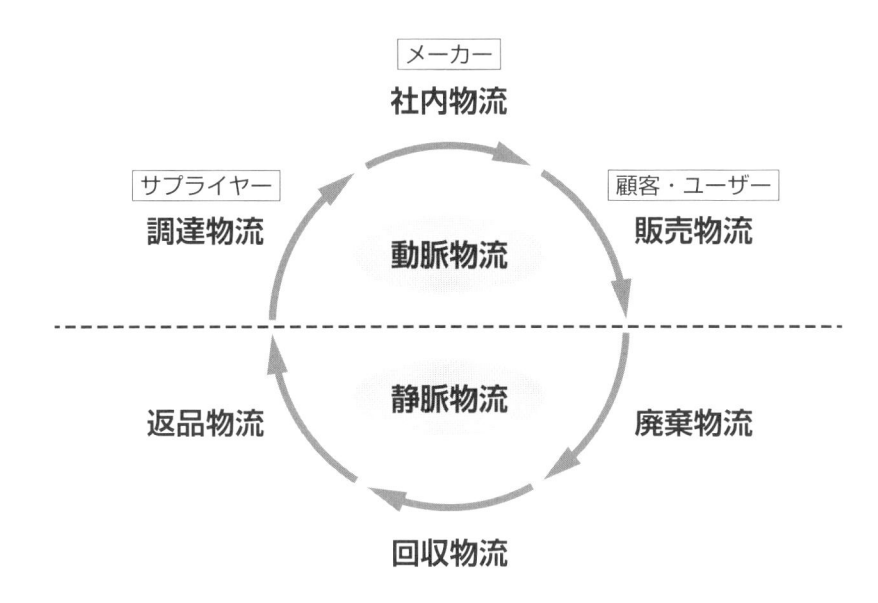

```
              メーカー
              社内物流
   サプライヤー              顧客・ユーザー
   調達物流    動脈物流    販売物流
   ─ ─ ─ ─ ─ ─ ─ ─ ─ ─ ─ ─ ─ ─ ─
              静脈物流
   返品物流              廃棄物流
              回収物流
```

書』で「もはや戦後ではない」という言葉が使われるほど経済が復活を遂げました。1964年の東京オリンピックに合わせて、東名高速や首都高速道路や東海道新幹線などが開通し、全国の港や鉄道、空港の整備、高速道路の整備など、より早く遠くに大量にモノを運ぶためのインフラが整っていきました。こうして、大量生産、大量消費の世の中になり、モノがあふれるほど豊かになったのですが、その反面、大量のゴミや廃棄物が捨てられるようになり、各地で環境破壊の公害が発生するなど大きな社会問題を引き起こしていきます。

　このように、サプライヤーが調達した原材料をもとにメーカーが製造した商品が大量に消費者に販売される動脈物流の流れが加速しています。その結果、皮肉にも廃棄されるものも多くなり、廃棄、回収、返品の静脈物流の効率化に取り組まなくてはならない状態になっています。人の体の中を巡る血液のように、物流も循環がうまくできればよいのですが、うまく流れなくなると血栓となり病気を引き起こします。循環型の社会を目指して、今一度、静脈物流の見直しが必要です。

2.8 物流ネットワークの効率化が顧客満足につながる

物流を効率化するには、物流拠点をどこに、いくつ置くのかなどお客様へのリードタイムに応じてネットワークを考える必要があります。

景気が長く低迷し、「失われた20年」などと言われますが、営業で成果を上げるのが厳しい時代になりました。そこで、より効率的な物流のネットワークの構築によってコスト削減をしようと、物流改善に取り組む企業が増えています。

お客様の望むタイミングで、必要な物を必要なだけ、1回で届けることができれば、これほど効率のよいことはありません。しかし、現実には、お客様への配送頻度や時間指定など品質を上げようとすればするほどコストがかかります。コストとサービスのトレードオフ（二律背反）の関係も勘案しながら、ネットワークを考えなくてはならないのです。

では、物流ネットワークの効率化において、どんなことを考えなくてはならないのでしょうか。3つのポイントがあります。

1つ目は、物流拠点の再編です。多すぎる物流拠点は、現場の管理運営費や人件費、在庫量増加などムダを生んでしまうからです。

2つ目は、物流サービスの向上です。営業が利益を上げにくい時代なので、当日配送や時間指定配送など物流サービスのレベルを上げて競争力を上げる必要があります。

3つ目は、配送方法や配送ルートの見直しです。新規のお客様を取り込んでいくためにも、大手の運送会社、宅配便会社以外の地場の運送会社や軽貨物配送など、お客様へのラストワンマイルを支える物流ネットワークの見直しが必要になります。

例えば、食品の生産者（メーカー）が個別に食品の卸のセンターやコンビニの専用センターなどにトラックで納品していたら、輸送コストが高くなるだけでなく、取引先の荷受作業、伝票処理などにも手間がかか

物流を効率化する共同配送センター

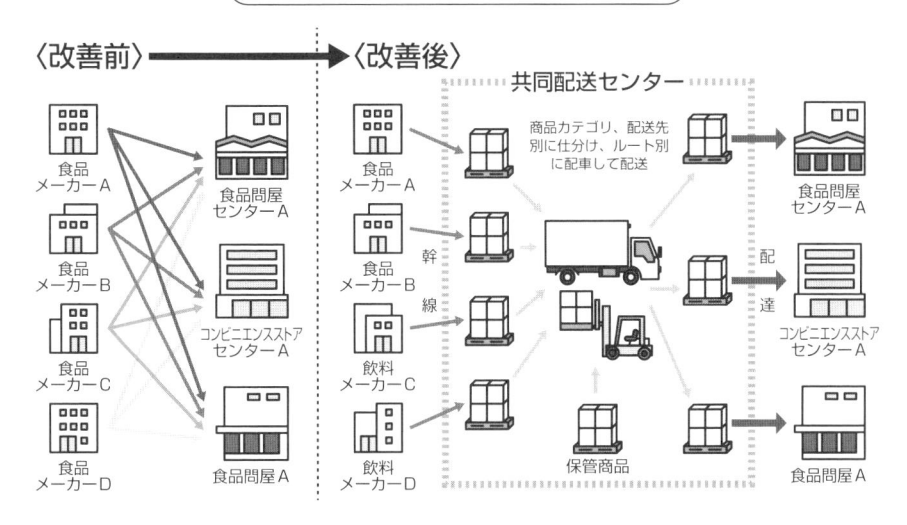

〈改善前〉 → **〈改善後〉**

食品メーカーA、食品メーカーB、食品メーカーC、食品メーカーD
→ 食品問屋センターA、コンビニエンスストアセンターA、食品問屋A

共同配送センター：商品カテゴリ、配送先別に仕分け、ルート別に配車して配送

食品メーカーA、食品メーカーB、飲料メーカーC、飲料メーカーD → 幹線 → 共同配送センター（保管商品）→ 配達 → 食品問屋センターA、コンビニエンスストアセンターA、食品問屋A

荷主が共同物流に参加するメリット

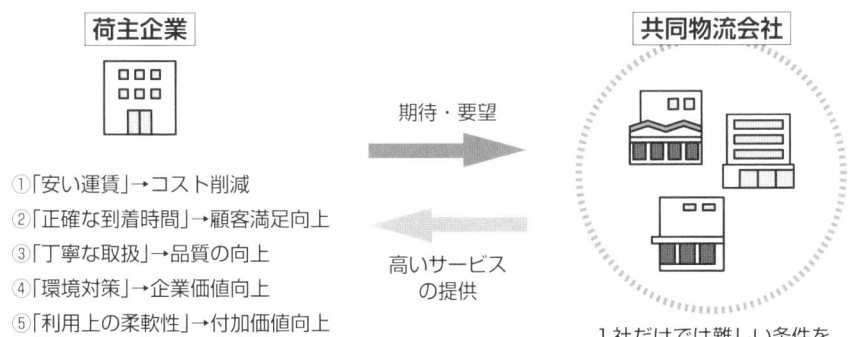

荷主企業
① 「安い運賃」→コスト削減
② 「正確な到着時間」→顧客満足向上
③ 「丁寧な取扱」→品質の向上
④ 「環境対策」→企業価値向上
⑤ 「利用上の柔軟性」→付加価値向上

期待・要望 ⇄ 高いサービスの提供

共同物流会社
1社だけでは難しい条件を多くの企業の力でクリアできる!!

ります。そこで、各メーカーで配送先が同じであれば、共同配送センターを設けて商品を集約し、そこから一括で卸やコンビニの専用センターに配送することで、効率化を図ることができます。

また、共同配送だけでなく、メーカー共同の物流センターを設ければ各メーカーの商品を効率よく管理することもできます。しかし、総論賛成、各論反対で、共同物流はうまくいかない場合が多いのが現実です。

2.9 ロジスティクスの概念

ロジスティクスは、20世紀のアメリカでマーケティングの思想の中で1つの機能として概念が定義づけられました。

■「物流」という言葉の誕生

18世紀から19世紀にかけて、イギリスで起こった産業革命により、世界で様々な製品の生産効率が高まり、20世紀の後半には、人々が消費しきれないほどの商品が世の中にあふれるようになりました。

結果として、「作れば売れる」という生産志向から、「いかにして売るか」という販売志向に変化をしました。

アメリカでも大量に物が消費されるようになり、1900年代に入ってマーケティングの思想の中で、初めて「物流」という言葉が出てきました。1910年代には、企業経営活動の1つである流通活動の構成要素として「物的流通」が重要だと言われ始めました。

1922年に『マーケティング原理』の著者のクラークが、マーケティングの1つの機能として「物的流通」という用語を使いました。物流の機能において重要な2大機能が「輸送」と「保管」だと言っています。

1930年代に「物流とは、生産の段階から消費者または利用に至るまでの財貨の移動および取扱を管理すること」と定義されています。つまり、物の移動だけでなく、物と情報を管理する機能も重要であると言われ始めたのです。

そして、ドラッカーは物流を「経営の暗黒大陸」と言いその重要性を説きました。

■第二次世界大戦が物流の概念を変えた

その後、物流の役割の重要性を世の中に知らしめたのが、第二次世界大戦です。「物流を制するものが、戦を制す」とよく言われますが、物

ロジスティクス・マネジメントと物流管理の違い

	（ロジスティクス以前の） 物流管理	ロジスティクス・マネジメント
目標	物流の効率化 （コスト削減）	市場適合 （戦略に基づく効率・効果のバランス）
対象と領域	物流活動	物流体系
内容	・プロダクト・アウト ・熟練的・経験的管理 ・輸送および拠点中心 ・コスト・コントロール ・戦術重視	・マーケット・イン ・科学的管理 ・情報中心 ・インベントリー・コントロール ・戦略重視

出所：『現代物流システム論』中田信哉、湯浅和夫、橋本雅隆、長峰太郎著、有斐閣

流の概念に戦略的物流の要素が加わりました。現代では、「ジャストインタイム」などという言葉がありますが、最前線で欲しい量を欲しいタイミングで届ける物流コントロールの重要性が高まりました。

1962年に世界的物流管理協議会のNCPDM（The National council of Physical Distribution Management）では、「物流」を「財の起点から消費点に至るまでの原材料、中間財、完成品または関連情報の移動に関連する流れと貯蔵を効果的に計画、遂行、統制する過程」と定義しています。

こう表現すると難しく感じるかもしれませんが、アメリカで物流という言葉や、ロジスティクスという概念が生まれ、その後、1980年代ごろに日本でもロジスティクスの概念が広まったのです。

現在の日本において、ロジスティクスと物流は何が違うのかについては諸説ありますが、物流は一企業内の領域で、ロジスティクスは仕入先、販売先までを領域に含みます。ちなみにサプライチェーン・マネジメントは原料から消費者までの川上から川下のサプライチェーン（供給連鎖）を領域にしています。

2.10 ロジスティクス管理とSCM

> 一企業の物流の部分最適ではなく、流通チャネルにかかわるすべての企業との連携による全体最適が求められる時代になってきました。

■朝鮮特需で物流の効率化が促進された

「ロジスティクス」や「SCM（サプライチェーン・マネジメント）」という言葉を耳にする機会が多いのではないでしょうか。どちらも、物流が進化した概念で、ロジスティクスより、SCMのほうが管理すべき対象が広いのが特徴です。

ロジスティクスの概念はアメリカから入ってきたものだと前述しましたが、日本にはない概念でした。1950年代までは、物流の6大機能別に物流のサービスが提供されていました。輸送は運送会社が提供し、保管は倉庫会社が提供するというように、単一のサービスとして提供されていました。

それが、朝鮮戦争（1950～53年）の際、アメリカ軍からの軍需物資の生産が増え朝鮮特需が起こり、アメリカから大量生産方式を学び、多品種少量生産へと発展させる過程で、輸配送と荷役、保管、包装などを効率よく管理しようという"物流"の概念が取り入れられていきます。

この時期に、運送会社が倉庫を構えて在庫を保管したり、倉庫会社が工場で行われていた流通加工を請け負ったりするようになりました。

■物流費が企業経営を圧迫し、物流の最適化が必要に

その後、日本は1980年代後半から「量から質」の時代に転換し、現代につながる多品種小ロット生産の時代になりました。その結果、多頻度小口配送になり、輸配送における積載効率の悪さから、物流費が企業経営を圧迫し始めました。

この時期に企業内の調達物流、社内物流、販売物流という流れを効率

サプライチェーンの構造

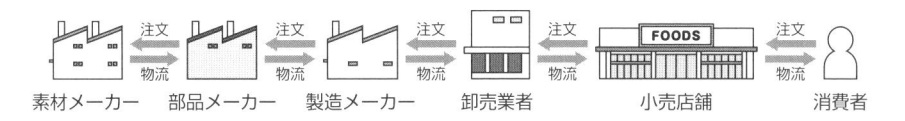

素材メーカー →注文/物流→ 部品メーカー →注文/物流→ 製造メーカー →注文/物流→ 卸売業者 →注文/物流→ 小売店舗 →注文/物流→ 消費者

川上から川下まで多くの利害関係者がいるため調整が難しい

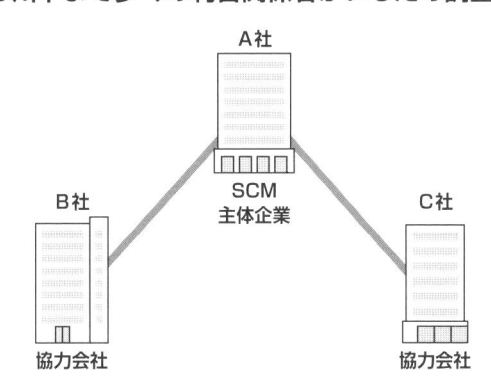

A社（SCM主体企業）― B社（協力会社）、C社（協力会社）

A社はB、C社との利害関係を調整しなくてはならない

化しようとして「ロジスティクス」という「企業内物流の最適化」の考え方が取り入れられたのです。

　その後、景気の波に乗り、1990年代には、世界各国の国々との取引も増えて貿易も活発になっていきました。しかし、バブルの崩壊により景気が低迷すると、一企業のロジスティクス（部分最適）では、全体コストの削減がうまくいかなくなってきました。そこでアメリカでトヨタのカンバン方式から学んで発展・進化させた、SCM（サプライチェーン・マネジメント）という概念が、1990年代に日本の多くの企業で取り入れられました。

　SCMとロジスティクスの違いは、原材料の供給先のサプライヤーからメーカー（自社）、流通・販売業者までの自社も含めた全過程を一気通貫で最も効率よく管理する「全体最適」を求めるものです。

　しかし、SCM（全体最適）を行なうためには、他の企業も巻き込んで改善する必要があるため、うまくいっていない企業も多いのが現実です。

2.11 7Rの原則

ミシガン大学のスマイケイ（E.W.Smykey）教授が提唱した物流管理の原則です。物流の基礎として、押さえておきたい原理原則です。

■物流管理の基本

物流の7Rの原則とは、適切な商品を（right commodity）、適切な品質で（right quality）、適切な量を（right quantity）、適切な時期に（right time）、適切な場所へ（right place）、適切な印象のもとで（right impression）、適切な価格で（right price）顧客に届けることが物流管理の基本であると説いたものです。

なぜ、この7Rが大切なのでしょうか？　例えば、ケーキチェーン店のお客様からの注文のクリスマスケーキを12月25日の10時までに120店舗に届けてほしいという注文を物流会社が受けたとします。そのときに、温度を管理できていない倉庫で保管してしまうと、いちごの鮮度が落ちて品質を落としてしまい、繁忙期対応で、一括納品予定のケーキが物流センターに届かず、量がそろわないなど、注文どおり25日に間に合わないと、商品は全額物流会社が弁済しなくてはなりません。さらに、繁忙期の25日の10時に間に合わないということで、急ぎ、チャーター便のトラックを使ったりすればコストも上がってしまうし、教育の行き届いてないドライバーがお客様先に納品にいくために、自社のドライバーと同じ品質での納品とはいかず、クレームになってしまうこともありえます。

■原則と違う場合は改善する

7Rの原則は、物流改善の基礎であり、自分の物流現場の作業に当てはめてみて、原則と違う場合は、改善するようにしなくてはなりません。

物流現場の改善を行なうときには、入荷、棚入れ、ピッキング、梱包、出荷までの物流作業の一連の流れを7Rの原則に照らして見直してみると、

物流の最適化を図る

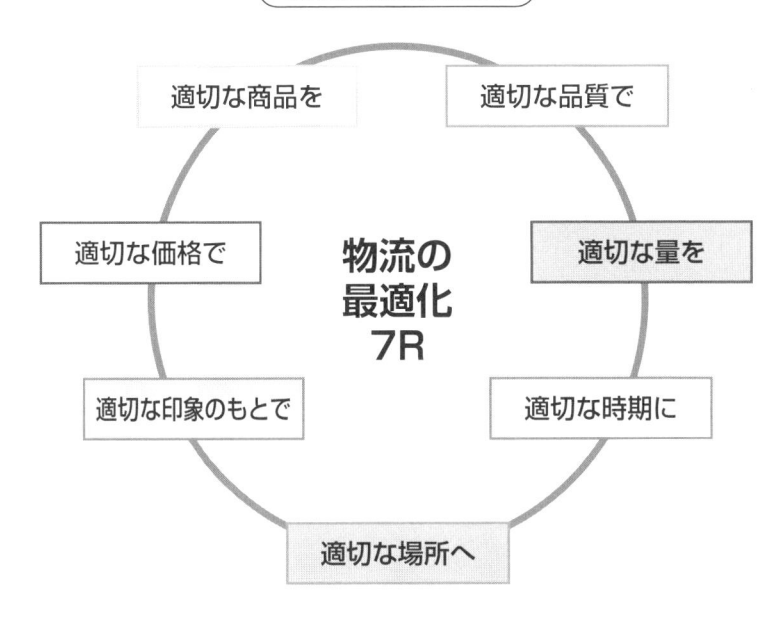

- 適切な商品を
- 適切な品質で
- 適切な価格で
- 適切な量を
- 適切な印象のもとで
- 適切な時期に
- 適切な場所へ

物流の最適化 7R

　様々な問題点があぶり出されます。

　あぶり出された問題点を整理し、もれなく、ダブリがないように一覧表にまとめます。今できること、できないことを明確にして、1つずつ現場の改善に取り組みたいものです。

　また、物流管理の原則では、トヨタのジャストインタイム生産方式（かんばん方式）の「必要な物を、必要なときに、必要な量を生産する」が有名ですが、お客様の求めるタイミングに的確に物を届けることは、お客様の満足の向上にもつながります。

　もし、7Rの原理原則から外れたやり方をしている場合には、その作業自体が非効率な作業であり、ムダを発生させているため物流コストを上昇させているのです。

　7Rの原則を守ることで、リードタイムの短縮、物流品質の向上、物流センターでの商品管理レベルの向上、社内全体での物流コスト削減、物流量の変化への柔軟な対応など、現場の作業改善や環境の改善につながります。

Column 2

東京オリンピック開催による物流への影響は？

　2020年の東京オリンピック・パラリンピック（以下、東京五輪）の開催が決定し、開催による経済効果、さらには、物流業界にもたらす影響に注目が集まっています。

　東京五輪開催による直接的な物流需要の拡大は、期間限定的になるのでそれほど期待できないと考えられます。それよりも、東京五輪の開催を想定して、今、物流業界で対応を検討していることがあります。

　競技会場の一部や選手村が設置される予定の湾岸エリアには、倉庫や物流センターが集中しています。東京五輪の開催期間中は交通規制が行なわれることが予想され、その対策が問題になっています。

　物流が麻痺してしまうことは必至ですから、内陸の拠点を利用するとか、もっとフレキシブルな物流・輸送機構を構築しておくなどといった動きがあるようです。

　また、そうした直接的な影響も含めて、景気の上昇による物流の活性化が想定されます。それは物量の拡大ということだけではなく、安全・安心といった物流品質向上へのニーズへの対応です。潜在的に物流業界は人手不足問題を抱えていますので、物流品質向上のニーズに応えるためには、人材の教育体制を強化する必要があります。これにはコストがかかり、どうしても商品管理や輸送コストを上げざるを得ない状況になります。とくにBtoBの物流コストの上昇は避けられないでしょう。

　7年も先のことを見通すのは難しいですが、間違いなく言えるのは、東京五輪の感動を受け、スポーツや健康への関心が今まで以上に高まり、関連市場が拡大するでしょう。高齢化がさらに進みますが、これらに関連する産業はかなり裾野の広いマーケットを構成していますので、その経済効果は大きいのではないでしょうか。そうなれば間接的に物流も活性化するかもしれません。

第3章

強い会社が備えもつ戦略物流

3.1 物流6大機能に2大機能を加えた物流8大機能

戦略物流は、物流6大機能を「管理」する機能と社内各部署との「調整」機能を加えた8大機能をもつ、企業戦略に根付いた物流戦略。

■物流機能に加えられた2つの重要な機能

戦略物流には、物流6大機能（輸配送・保管・包装・荷役・流通加工・情報処理）に「管理」と「調整」の2つを加えた8大機能があります。これらは物流を担うみなさんに、押さえておいてほしい考え方です。

■管理機能は、単なる管理ではない

戦略物流の管理は、単に物流6大機能の数値管理をすることではありません。物流の6つの機能を個別に効率化するのではなく、全体最適化することに意義があるのです。

例えば、物流センターにおいて出荷量が増えるとわかっていれば、配車担当は積載率を考慮しながらも増車する思考になり、配車されたトラックは、積荷待ちを余儀なくされます。また、作業長は日々の作業効率化には努めているものの、臨時要員を確保する思考になり、教育を受けていない臨時要員の作業スピードを読み切れず、作業ロスを発生させてしまいます。また恒常的に残業が発生している現場では、作業員にさらなる残業を強いることで彼らのモチベーションを落とすことにもなります。挙句の果てに、センター長さえも作業応援に出てしまい、全体管理ができない状態（司令塔がいない状態）に陥ります。

戦略物流の管理は、このような状況においてもあらかじめ決められた時間内にムダなく順調に作業が遂行できるように、トラックの配車時刻のスケジュール管理から、各作業のボトルネックを解消するために作業人員の配置のコントロール、出荷レーンの増設や、上流工程では当日の入荷量をあらかじめ少なめに調整することなどをします。そのために必

```
┌─────── 物流8大機能とは ───────┐
```

┌─────── 6大機能 ───────┐   ┌─────────────┐
│ ① 輸配送   ④ 流通加工 │   ＋   │ ⑦ 管理   │
│ ② 保管   ⑤ 包装   │   │ ⑧ 調整   │
│ ③ 荷役   ⑥ 情報処理 │   │   │
└───────────────────────┘   └─────────────┘

要になるのが、次に説明する調整機能です。

■物流部門と各部署の連携に欠かせない調整機能

　物流部門だけでは調整できないものとして、入荷量、出荷量、それによって決まる在庫量、入荷締切時刻、受注締切時刻、もう少し広げて言えば、客先への納品時刻があげられます。これらに対しては、いくら物流部門内で効率化を唱えても、営業部門や製造部門をはじめとする各部署に協力してもらえないかぎり効率化は成し得ません。これを解消するためには、戦略物流の調整機能が必要となってくるのです。

　調整機能の役割は、量的、時間的に物流をコントロールし、物流6大機能の全体ロスを最小限に抑えることにあります。

　例えば、営業部門がセールのために企画した商品を、仕入部門が大量に発注した場合の分納措置や、当日入荷や当日出荷品（いわゆる緊急取寄せ品）は物流センターでの入荷処理や出荷処理が煩雑になるので直送措置をとるなどです。また、入荷情報の反映が遅いシステムをもつ物流センターでは、入荷時刻は午前中のみとし午後は出荷作業に全員集中する、作業スペースを増やして作業効率を上げるために在庫量を減らす、配送コストを抑え効率的なルート配送をするために客先への納品時刻を変更するなどがあげられます。もちろんこれらは物流部門が勝手に行なうわけではなく、次項で説明する企業戦略にもとづいて行なわれることが前提になります。

3.2 企業戦略に密着する物流戦略

戦略物流にも物流の方向性を示すビジョンやKPI（管理指標）が必要です。これらは企業戦略にもとづいたものでなければなりません。

■戦略物流とは企業戦略に密着した物流の考え方と仕組み

「戦略物流」とは、「企業戦略」にもとづいた物流のスキーム（枠組み）管理や作業を行なう発想に立ったものです。つまり、いつまでも同じように作業を行なうのではなく、企業戦略にもとづいた物流になるよう、拠点の置き方や作業、管理の仕組みを変化させていくのです。

これはBSC（バランス・スコアカード）の手法で考えると一目瞭然です。BSCとは、業績評価システムの1つで、企業のビジョンや戦略の業績への影響を4つの視点（財務の視点、顧客の視点、業務プロセスの視点、自習と成長の視点）で評価するものです（右ページ図参照）。

目標達成（実行の結果）の各段階は、すべてが戦略項目であり、企業における物流は、業務プロセスの戦略の1つとなります。これにコスト管理や品質管理などの物流管理を行ない、コストを下げ、品質を上げる努力をします。

一方、戦略物流では、「コストを上げてでもサービスレベルを上げようとするのか、サービスレベルを下げてでもコストを下げようとするのか」などを決定し、拠点配置などの物流構造を変え、物流管理自体も変化させていきます。

具体的には、「売上を伸ばすために、物流サービスレベルを上げる」と企業戦略で決めた場合に、顧客へのリードタイムを短縮するため物流拠点を増やす方法が取られたとします。これにより、物流管理指標（物流KPI：56ページ参照）の優先順位がコストから納品率へと変わり、同時に物流現場への要求内容も、出荷作業の正確性強化や在庫精度の強化へと変わります。リードタイムを1時間短縮すると決めたのなら、物流

企業戦略と戦略物流の関係

〈バランス・スコアカードでビジョンを実行に落とし込む〉

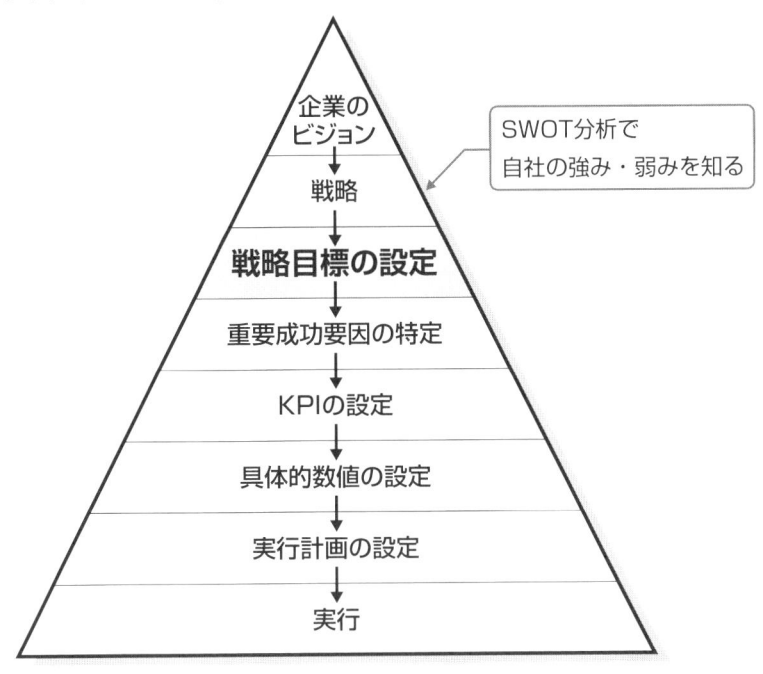

- 企業のビジョン
- ↓
- 戦略
- ↓
- **戦略目標の設定**
- ↓
- 重要成功要因の特定
- ↓
- KPIの設定
- ↓
- 具体的数値の設定
- ↓
- 実行計画の設定
- ↓
- 実行

SWOT分析で自社の強み・弱みを知る

〈戦略目標設定のための４つの視点〉

財務の視点	顧客の視点
企業の成長性、収益性	顧客満足、商品好感度
業務プロセスの視点	自習と成長の視点
マーケットコミュニケーション　物流	市場開発への取り組み、従業員のモチベーションUP

戦略物流も必然的に企業戦略にもとづく

KPIでは、コストよりもリードタイムの指標が優先されたことになります。企業戦略によって受注が増え、物流コストが多少上昇しても、対売上高物流コスト比率が下がっていれば問題はないと考えます。

このように、戦略物流の視点で見ると、企業戦略と物流現場は完全にリンクしていることがわかります。

また、物流に対しては、「物流思考」と「戦略物流思考」の2面から捉えていく必要があります。

■物流KPIは企業戦略により異なる

そもそもKPI（重要業績評価指標）は、企業のビジョンを達成させるための指標です。企業には、売上をいくらまで伸ばすかという成長性や、利益率を何パーセントまで上げるかという収益性や生産性に関する定量的なビジョンと、事業基盤の確立や顧客満足の実現などの定性的なビジョンがあります。

戦略経営のための管理システム（BSC）においては、ビジョンが設定されれば、その達成のための戦略として何をしていくのかを見極めるために、内部経営環境や外部環境の状況からSWOT分析やクロス分析を行ない、戦略の策定と、その実現のための目標を描きます。

具体的には、①企業の成長性や収益性である財務に関する目標、②顧客満足度を上げるための商品好感度に関する目標、③市場開発への取組みや従業員モチベーションアップのための教育に関する目標、④マーケットコミュニケーションや物流に関する業務プロセスの目標を描きます。

そして、戦略実現のために何に対してKPIを設定すればよいのかを検討、決定し、目標達成し得る数値を設定し、戦略目標実現に向けてPDCA（Plan計画→Do実行→Check評価→Action改善の頭文字）による管理の下、実行されることになります。

このように企業の戦略実現のための業務プロセス目標設定には、物流も含まれますので、物流におけるKPIの設定は、企業のビジョンによって決まってくるわけです。

物流部門に目標やビジョンをもつことは、企業の戦略と同じように大

切です。勝つ企業になるためには、物流部門も企業の戦略にもとづいた戦略物流思考をもち、それに則った物流KPIが必要となるのです。

　余談ですが、物流KPIと単なる目標との違いは、企業方針に関連した物流重要業績評価指標なのか、そうでないかの違いです。企業のKPIが売上倍増であれば、物流KPIもそれに関連して欠品率や納期遵守率などになります。しかし、物流コストに関するものなどはKPIとはいえず、単なる目標値でしかありません。

■物流ビジョンの必要性

　みなさんは、何のために仕事をしていますか？　仕事をしてつまずいたとき、向かうべき道はありますか？　この質問にすぐに答えられる人はどれくらいるでしょうか？

　仕事をする目的はお金のため、家族のためと答える人が多いかと思います。私も若いころはそうでした。しかし、そのためだけに仕事をしていると、給料が上がらないことに不満を抱いたり、他の人の仕事のほうが楽に見えたり、何かにつけて忙しいと思い込み、自身も楽を求めるようになっていきます。前向きに仕事に取り組めなくなります。

　つまずいたときに向かうべき道は、すぐに答えが浮かばない人が多いかと思います。上司やお客様に叱咤されたとき、プロジェクトが行き詰まったときなど、その先への対処法が見えなくなってしまうのです。

　これらの質問にうまく答えられない要因は、ビジョンや方針、KPIが職場にないからです。職場のビジョンや方針があれば、業務でつまずいたときに、働く意義や進むべき方向を知らしめてくれます。

　しかし、残念なことに、物流部門に物流ビジョンや方針がある企業は、非常に少ないのです。KPIだけがあっても、何のためのKPIなのかを理解できる人は少ないはずです。管理者だけがKPIを知っていても、意味がないのです。

　よって、ビジョン、方針、KPIはセットで掲げておかなければなりません。従業員1人ひとりにまでこれらを浸透させることで、仕事に対してのベクトルを合わせられ、仕事の意義を正しく理解できるのです。

3.3 物流戦略の３層構造と組織の役割

戦略物流は、「物流戦略、物流管理、物流作業」の３層から成り、役割が明確になっています。

■戦略、管理（戦術）、作業（戦闘）というレイヤーが存在する

　物流管理レベルには、３つのレイヤーがあります。物流戦略全体を見るレベル、物流業務全体（実行度合いやコストや品質）を見るレベル、日々の業務の進捗を見るレベルの３つです。具体的な職位で言うと、管理監督する人（本社物流部門長または経営戦略担当者）、3PL（62ページ参照）または物流子会社の管理者、現場の責任者となります。

■戦略レベルの物流管理

　職務レベルでは、財務や販売の戦略との整合性が重要となります。例えば、新しいエリアで販売をする際に、業務を外注するか自社で行なうかの判断や、倉庫を間借りするか１棟借りるか建てるかという選択をするにしても、販売の推移予想や財務状況などを勘案しなければなりません。また、物流子会社や3PL会社に、「このように実行したい」と的確に伝えないと、本社の考えとまったく違うことを行なわれてしまう可能性もあります。

　また、キャッシュフローを勘案し、在庫を削減しようとする際に、在庫拠点を絞り込んだり、TC（トランスファーセンター）を設置したりして、物流ネットワークの再構築をします。そのとき、たいていの場合、顧客からの受注から納品までのリードタイムが変化するので、販売戦略と照らし合わせ、調整する必要があります。

■管理（戦術）レベルの物流管理

　管理レベルは、会社が立てた物流戦略を実行するためのものです。想

戦略物流の3層構造

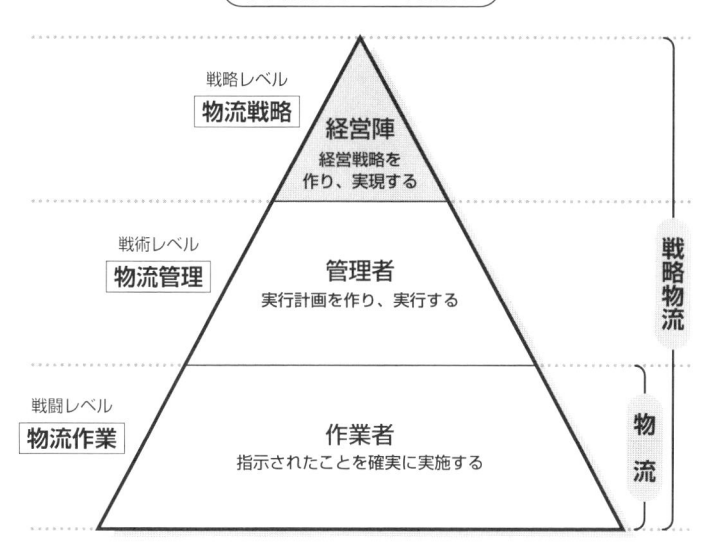

```
           戦略レベル
           物流戦略        経営陣
                      経営戦略を
                      作り、実現する
         ─────────────────────────────    ┐
           戦術レベル                       │
           物流管理        管理者           │ 戦略
                      実行計画を作り、実行する │ 物流
         ─────────────────────────────    ┘
           戦闘レベル                       ┐
           物流作業        作業者           │ 物流
                      指示されたことを確実に実施する │
```

戦略物流3層の役割

領域	レベル	担当職位（例）	役割
戦略物流	物流戦略	経営幹部 事業部長 CLO	・物流戦略の立案 ・物流構造の設計
	物流管理	物流部長 センター長	・予算コントロール ・作業計画の立案 ・改善活動
物流	物流作業	課長（機能長） 作業リーダー 作業員	・物流作業の管理 ・物流作業の実行

・物流戦略／物流管理／物流作業の3層があり、担当職位が責任をもっている

定される物流コストや品質レベル以内になるように、現場とのミーティングを頻繁に開き、改善していきます。

　また、物流ネットワークの再構築が指示されたときに、決められた期限までに倉庫を統合するのも、このレベルの仕事です。

■ 作業（戦闘）レベルの物流管理

　日々果たさなければならない業務を着実に実行するためのものです。今日出荷すべきものを出荷し、人時生産性（労働1人1時間あたりの粗利益または処理数）を向上させるように現場へ指示をします。毎日、ミーティングを行ない、進捗を見ながら、人の融通をしたりします。

　3つのレイヤーは、明確に分かれているわけではありません。ただ、物流が進んだ会社では、たいてい3つのレイヤーに分かれている傾向にあります。ある会社では、SCM戦略室と物流部を分け、さらに物流子会社をもっています。

■ 部門別の物流（物流、営業、総務）

　物流というと、仕入（調達）、製造、販売と、その会社がもつ製品に関わるだけのものと思われがちですが、それだけではありません。製品に関わる物流は、物流部が管理していると思いますが、企業内で発生する物流はそれだけではありません。

　営業部でも物流は発生します。典型的なのは、販促物の物流です。例えば、全国のスーパーで新しい納豆を販売するとしましょう。そこにPOP（商品が消費者の目にとまるように売り文句などを書いたもの）を付けるとしましょう。初回は、「新製品。○○が新しい」というPOPを付けていました。しばらくすると、著名な司会者が「この新しい納豆は体によい！」とTVで言ったとします。そうしたら、当然売れます。ただ全員が知っているわけではないので、「○○さん絶賛！　この納豆が体にいい！」などのPOPに付け替える際に、全国のスーパーにそのPOPを送り込みます。これは営業部が考えて、倉庫を通らずに、直接印刷会社から送り込まれます。

　新しい飲料の試供品を街頭で配る際に、キャンペーンガールに配ってもらうことがあります。その際の試供品の物流は誰が仕切っているのでしょうか？　たいていは営業部門、または営業部門が委託したSP（セールスプロモーション）会社です。

　他には、総務部でも物流は発生します。営業所間での書類のやりとり

や、本社内での郵便物の各部門へのデリバリーなど、会社の規模が大きくなればなるほど、総務部管轄の物流は増えます。

本社など大きな営業所内では、郵便物や宅配便を各部門に届けるために、メール室のようなものをもったりして、専任または兼任の人が運んでいると思います。また、各部門からの発送も少し前までは、各部門で宅配会社に連絡して引き取り（集荷）に来てもらっていましたが、テロなどのリスクを考慮し、各部門への引き取りはNGになりました。それだけでなく、各部門でバラバラに集荷をお願いするより、1社に集約したほうがコスト削減になるので、メール室が集荷し、一括で宅配会社に引き渡す方法が取られます。

このように、物流部の物流、営業部の物流、総務部の物流など、物流部以外が所轄する物流もあります。

■ **戦略物流とロジスティクスの違い**

よく、戦略物流はロジスティクスのことではないか？　と思っている人もいますが、前述のように、戦略物流は、企業戦略に根付いた物流の戦略的機能のことであって、途切れない物資の供給システムであるロジスティクスとは違います。

ロジスティクスは、もともと兵站（へいたん）を表わす軍事用語でした。戦場の最前線で戦う兵士（戦闘）に武器だけでなく、食糧や生活物資を切らさないよう供給するために考えられたものです。戦場が移動するとそれらのストックポイントも敵から攻撃されない場所を考えながら移動させ、状況により変化する供給ルートの確保（戦術）など、指揮司令塔が緻密に現地を分析し、的確な方法で敵を打つ手段（戦略）を整えます。

現在のロジスティクスは、経済活動におけるビジネス・ロジスティクスとも言われ、サプライチェーン（物資の供給連鎖）プロセスの一部として捉えられています。

物流においては、生産地から消費地へのモノの流れを、QCD（品質・コスト・納期）を念頭に、情報処理（物流6大機能の1つ）を用いて最適化することを目指すものとされています。

3.4 3PLは荷主企業の戦略物流統括部

> 荷主の物流部門のすべての物流業務を代行し、荷主の企業戦略に沿って、調達から配送の他、物流戦略の提案を行ないます。

■3PLとは

　物流先進国アメリカで発祥し、もともとは荷主企業と物流業者の間に立ち、荷主企業に有益な物流（コストとサービスの最適化）を企画提案するだけでなく、管理する企業のことをサードパーティー・ロジスティクス（Third-party Logistics、3PL）と言いました。荷主企業の物流を一括して受託し、その物流が最適化されるように、プランニング、コンサルティングを行ない、物流機能をもった会社をマネジメント（管理）する会社のことを言います。言い換えれば、プロフェッショナルとして物流統括室の役割を果たすことができる企業のことです。

　現在の3PLは第三者である物流業者が主体となって、自社のインフラだけでなく、協力会社とともに荷主企業の物流部の機能を包括的に請け負って（アウトソーシング）います。

　ちなみにファーストパーティー（First Party）は、荷主企業（の物流部）を指し、セカンドパーティー（Second Party）は運送会社や倉庫会社のほか、商品の包装に必要な資材会社なども指します。

■本来の3PLの使命

　3PLが荷主企業の物流部の機能を包括的に請け負うときは、荷主企業のビジョンや使命までも十分に理解することが必要です。また、これまで荷主企業で負担していた物流コストを削減しなければならないことや、荷主企業が維持してきたQCD（品質・コスト・納期）サービスをよりよいものに変えていなかければなりません。

　しかし、複数の荷主企業の物流を受けもつ3PLにとっては、それぞれ

3PLは戦略物流統括部

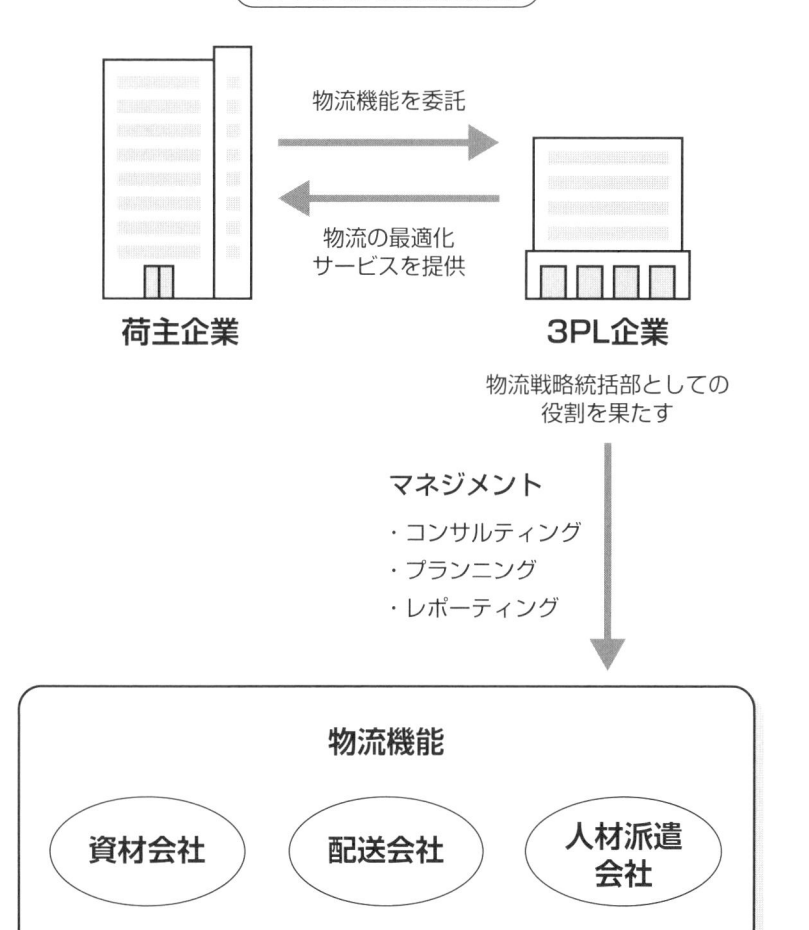

```
荷主企業  ──物流機能を委託──→  3PL企業
        ←─物流の最適化
          サービスを提供──

3PL企業は物流戦略統括部としての
役割を果たす

↓

マネジメント
・コンサルティング
・プランニング
・レポーティング

物流機能
  資材会社   配送会社   人材派遣会社
```

3PLは荷主企業の物流を最適化する

の荷主企業の仕組みそのものを個別に継承するわけにはいきませんので、物流企業が所有している物流システムを荷主企業用にカスタマイズしたり、荷主企業がその仕組みを自社システムに組み入れたりして、共同でシステムを運用しなければなりません。

　また、精度の高い流通情報システムを構築、管理、運用して、従来の

問屋機能である受発注、調達、在庫管理、販売機能といった商流機能を取り入れ、3PL業者がもつ他の荷主企業との物流機能の共同化、複合化、高次元化、効率化を図り、人材、資産（国内・海外拠点、設備）、資金、情報システムの経営4資源をフル活用して、荷主企業の目標を達成・実現して、サプライチェーンの完結と経営の効率化に寄与しなければならないのです。

■3PLに求められるもの

　これまでメーカー企業が主体となり、一定量の製品を計画生産していましたが、景気の低迷、消費者ニーズの多様化、商品のライフサイクルの短命化などによって需要の低い商品は売れ残り、また売れ筋の商品が特定できないことによる販売機会の損失といった現象が数多く出てきました。

　これを是正するため、店舗での売れ筋情報をいち早く把握することで、必要最低限の生産を行ない、在庫量を少なくし、リードタイムを短縮できるような発注量や発注タイミングに変更し、物流コストを最小化する経営が求められるようになりました。

　消費者を起点としたサプライチェーンの構築は、物流が中心となって行なう必要があり、とくに3PLは低コストで物流を構築する反面、リアルタイムで情報管理するSCM（サプライチェーン・マネジメント）の確立も求められています。

■荷主と3PLの間で、トラブルが起こる原因

　荷主と3PLの間にトラブルが発生することも少なくありません。

　次ページ表は、荷主と3PLの間でトラブルが起こる原因を表にまとめたものです。これ以外の事象もあることと思いますが、荷主と3PLとのトラブルが発生する原因は、3PLという言葉の意味や内容を荷主と3PL双方が十分に理解していなかったことや、契約時に荷主から3PLへの要求事項を明確にしていなかった、自家物流で行なっていたイレギュラー対応が可能かどうかを十分に検証していないことなどにあります。中に

は、3PLと名乗る企業の営業トークに安易に乗ってしまったという事例もあります。

荷主と3PLの間でトラブルが起こる原因

事象	荷主側の原因	3PL側の原因
コスト高になった	・自家物流を他社物流へ移行する際、自社で見えていない物流コストがあった →物流人件費、マテハン購入費、減価償却済の自社倉庫費など	・運賃や資材費など、下請け企業のコストが上がることを予測できなかった ・業績が悪化し、値上げせざるを得なくなった ・社員構成比が高い
クレームが増えた	・3PLの運営体制や品質を十分に把握できていなかった ・コストを最優先して契約した	・自社の従業員や下請けに対し、管理及び指導ができていない ・品質レベルが書面化できていない
KPIが達成できていない	なし	・QCや5S活動組織がない ・PDCAサイクルで改善を行なっていない ・現場がその場しのぎで作業をしている
新たな提案がない	なし	・荷主の物流部門であるという意識がない ・提案=コスト削減という意識が強いため、これを避ける

Column 3

物流における PDCAで大切なことは？

　PDCAは、「Plan＝計画」のP、「Do＝実行」のD、「Check＝検証」のC、「Act＝改善」のAの頭文字をとったものであり、この４つの段階を経て、改善や問題の解決を図っていくマネジメント手法です。物流でのPDCAは、どう取り組めばいいのでしょうか？

　あるプロジェクトで、改善内容の成果が検証できたとします。それを現場に落とし込むために、通常ルーチンの中に取り入れて回していきます。これを"定着化"と言います。物流や工場などの現場業務の場合、ここから先が、いわゆるPDCAの領域となります。

　ここで留意していただきたいのは、PDCAの目標をどのように設定するかという点です。例えば、「誤出荷の削減」という目標を設定した場合、ひと口に"誤出荷"といってもその領域は広く、様々な要因や対象が考えられます。

　そこで「検品時に発生するミスの削減」というように、もう少し具体的に絞り込んでいくと、原因や問題点を特定しやすくなりますし、成果の表われ方も違ってきます。

　例えば「在庫管理」の問題でも全国の物流センターをまとめて見るより各センターごとに見るほうが、改善策はより具体的になります。

　さらに商品カテゴリーごとや商品ごとに見るほうが、より即効性のあるPDCAサイクルを進められます。

　同じ「在庫差異」でもマイナス在庫（実在庫不足）について見ると、在庫差異を解消するための対策を打ちやすくなります。

　このようにPDCAを行なう際には、領域・範囲を絞り込むようにしてください。

第4章

輸配送の役割を学ぶ

4.1 輸配送とは

物を供給者から需要者に届けること。物流5大機能の1つで、流通上の物をストック拠点間で移動させるための機能を言い、リンクと呼びます。

■輸送と配送の違い

輸配送は、輸送と配送という2つの意味をもつ言葉です。その違いを説明します。

まず輸送は、輸配送での「一次輸送」と呼ばれ、海外も含め、工場や企業内の物流拠点網における拠点間の運送のことを言います。例えば工場から輸送拠点へ、あるいは工場間の長距離大量の運送を指します。よく聞く言葉に、「トラック輸送」「鉄道輸送」「船舶輸送」「航空輸送」があります。これらは、生産地や工場から倉庫や物流センターまでの運送を指します。この4つのことを輸送の4モードと言います。

また配送は、輸配送での「二次輸送」と呼ばれ、拠点網の末端の小型物流拠点や営業倉庫などから得意先への配達、問屋から小売店などへの近距離小口の移動を指します。配送は配達に近い意味合いをもっています。

物流ネットワークでは、輸配送は各拠点を結ぶため、リンクと呼ばれます。そして各拠点のことを、ノードと呼んでいます。流通上の様々なリンクでの輸配送手段として、先の4つのモードがある、と思ってください。

■輸送モード別に見る長所と短所

4つの輸送モードにもそれぞれ特徴があります。それを右ページ表にまとめました。

例えば、トラック輸送は、他の3モードで対応できない近距離輸送で利用されます。しかし、CO_2の排出量が他のモードよりも多く、環境に

輸送の4モードの特徴

	メリット	デメリット
トラック輸送	①ドアツードアで自在性の高い配送が可能 ②小・中貨物の近距離輸送に即応できる	①物流範囲が広がると積載効率や輸送効率が低下
鉄道輸送	①一度に大量輸送ができる ②天候の影響をあまり受けない ③CO_2排出量が少なく環境にやさしい	①コンテナ扱い駅が約129駅と少なく、集配時間やコストがかかる ②コンテナ容積の制限から大きな貨物に向かない
船舶輸送	①貨物への衝撃が少ない ②荷の損傷や盗難に対する安全性が高い ③大型の荷物を大量に運べる	①スピードが遅いため輸送時間がかかる ②数トン以下の小口貨物の輸送に適さない（荷物がまとまらないと出航しない）
航空輸送	①他の輸送手段より圧倒的に速く、長距離の荷物を運べる ②高価格な、鮮度の短い商品を運ぶのに最適	①他の輸送手段より運賃が割高 ②大口ユーザー以外は貨物量が便数で限定される

やさしくありません。その反面、鉄道輸送は環境にもやさしく、長距離輸送時のコスト削減に一役買います。

しかし、コンテナ駅までトラックを利用して積替え作業を行なわなければならないですし、鉄道の出発時刻に集荷時刻を合わせなければならないという現状が、リードタイム面で課題とされています。船舶輸送はまとまった貨物には最適でコスト面もかなり低く抑えられますが、スピードが遅いという難点があります。そして航空輸送は、なんと言っても長距離輸送では、ダントツにリードタイムが短くなります。しかし、輸送運賃が他のモードと比べて、はるかに高いので、高額商品や鮮度の短い商品の輸送に利用されます。

リードタイム優先か、コスト優先かをよく考慮し、最適な輸送モードを選ぶことが、顧客にもやさしい物流の選択となります。

4.2 トラック輸送の実態と課題

利便性と大きい市場規模をもつが、トラック事業を営む企業の99%は中小企業。増え続けるトラックに、環境負荷の影響が懸念されます。

■トラック運送事業への新規参入の推移

1989年12月に物流二法（貨物自動車運送事業法・貨物運送取扱事業法）が施行されました。貨物自動車運送事業法では、事業の免許制が許可制に、運賃の認可制が事前届出制に替わるなど、経済規制の緩和を図ることで、外国企業を含む企業の新規参入の壁が低くなりました。

しかし反面、バブル崩壊後の日本経済の低迷から運賃の価格競争が激化し、景気回復の基調が見えない中で起こったリーマンショックや排ガス規制法によって、利益率の低いトラック事業者の倒産が相次ぐようになりました。トラック運転手の賃金水準も下がり続け、若者が魅力を見出せない業界となっているのが現状です。

■トラック輸送の課題

トラック運送事業者は、零細中小企業が多く、燃料の高騰や景気に左右されやすく、倒産する企業も多いのが実状です。

近年の景気低迷による商品の流通量低下の影響を受け、荷主企業によるJIT（ジャストインタイム）政策など物流コスト削減思考が根付き始め、在庫量調整による流通量の減少のほか、通販を中心とした宅配便の利用増加よって、輸送面では大口化から小口化にシフトし、少量物品の取扱が増え、貸切トラック便の積載率や利用率が低下してきました。

また、荷主企業、トラック事業者ともに、環境負荷の影響を考慮し、CO_2排出量の少ない他モードとの連携（モーダルシフト）の必要性が出てきています。このような複数のモード連携による輸送方法を複合輸送または複合一貫輸送と言います。

トラック運送事業への新規参入の推移

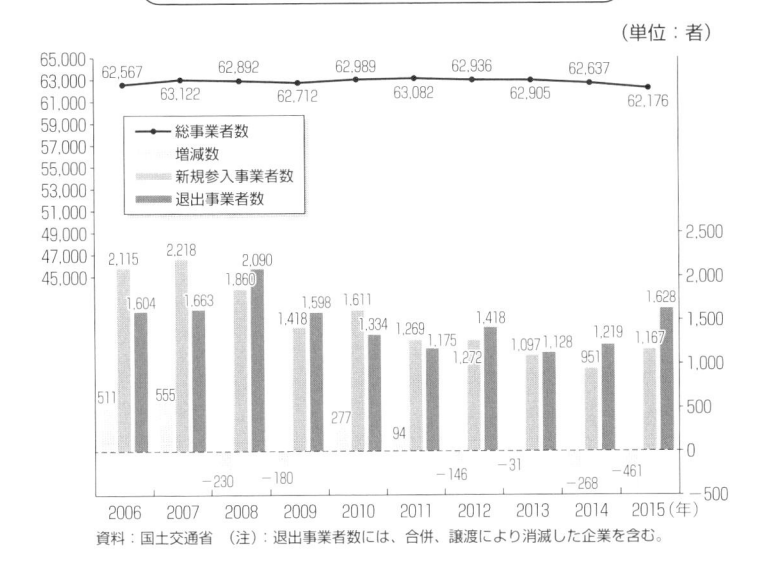

(単位：者)

年	総事業者数	新規参入事業者数	退出事業者数	増減数
2006	62,567	2,115	1,604	511
2007	63,122	2,218	1,663	555
2008	62,892	2,090	1,860	-230
2009	62,712	1,418	1,598	-180
2010	62,989	1,611	1,334	277
2011	63,082	1,269	1,175	94
2012	62,936	1,272	1,418	-146
2013	62,905	1,097	1,128	-31
2014	62,637	951	1,219	-268
2015	62,176	1,167	1,628	-461

資料：国土交通省　（注）退出事業者数には、合併、譲渡により消滅した企業を含む。

複合一貫輸送の内容

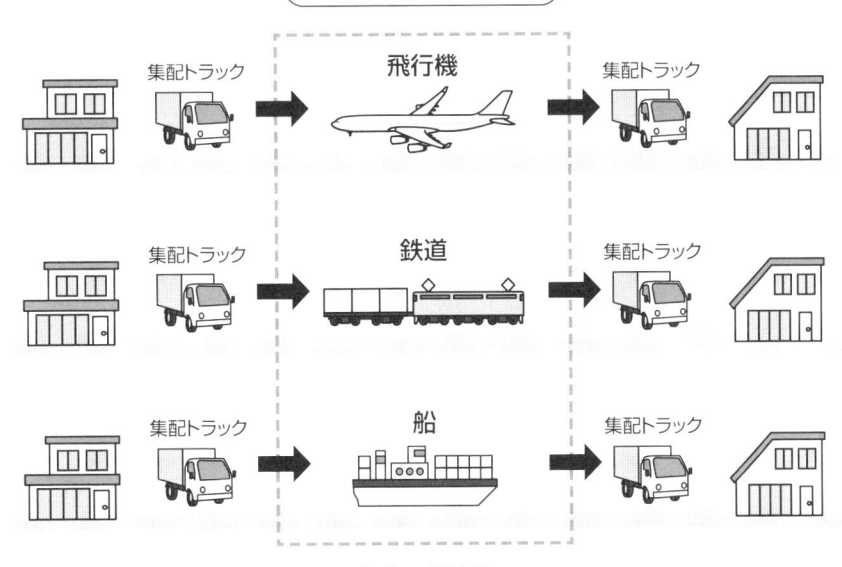

集配トラック → 飛行機 → 集配トラック

集配トラック → 鉄道 → 集配トラック

集配トラック → 船 → 集配トラック

複合一貫輸送
トラックによる幹線部分の輸送のうち
一部を鉄道や船を利用します

第4章　輸配送の役割を学ぶ

4.3 輸送効率の算出法

輸送効率は運行効率とも言い、積載率、実働率、実車率で測れます。運行効率を上げることは、利益確保を大きくすることにつながります。

■積載率

積載率とは、トラックの荷台容積を100%としたときに、積載貨物量がどれだけなのかを示した割合です。

例えば、10トントラックに7トン分の貨物を積載したときは、積載率は70%となり、また容積重量が2000才（1才＝約8キログラム）ある10トントラックに1000才の貨物を積載したときは、積載率が50%となります。

荷主企業にとっては、積載率を上げることが商品1つあたりの輸配送コストを低減することになるのです。つまり、積載率を上げるには、単純に1回の輸送量を増やすことだけを考えるのではなく、トラックの荷台に商品の積込をする際に、極力すき間が出ないように包装資材（段ボールなど）の外装を小さくする工夫が必要になります。また、内装の商品間のすき間の削減による、外装の小型化も必要となります。

■実働率

実働率とは、実際に稼働した車両を示す割合です。所有するトラックの総台数を実際に稼働した台数で割り算して求めます。

毎日100%の稼働率であればよいのですが、実際には車検を順番に回すために1台が常時未稼働であったり、故障や事故による休車だけでなく、積載する貨物がなく、やむを得ず休車させることもあります。

■実車率

実車率とは、自動車の利用効率を示すもので、全走行距離に対して、自動車が貨物や旅客を乗せて走行した距離の占める割合のことを指します。

輸送効率の算出法

積載率 トラックの荷台容積に対し、積載した貨物容量の割合

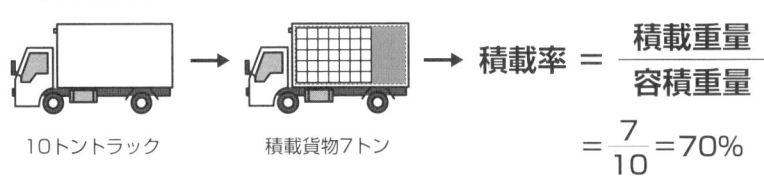

10トントラック → 10トントラック・積載貨物7トン

$$積載率 = \frac{積載重量}{容積重量} = \frac{7}{10} = 70\%$$

実働率 実際に稼動した車両を示す割合

4台所有　2台実動

$$実働率 = \frac{延べ実働車両数}{延べ実在庫車両数}$$

（故障などによる休車を含む実際に存在する延べ車両数）

$$= \frac{2}{4} = 50\%$$

実車率 全走行距離（往路・復路）に対して、貨物や旅客を乗せ走行した距離の占める割合

80キロメートル（積載）
80キロメートル（空荷）
FOODS

$$実車率 = \frac{貨物や旅客を乗せて走行した距離}{全走行距離} = \frac{80}{160} = 50\%$$

　例えば、配達先までの距離が往路80キロメートルの輸送において、片道だけ貨物を積載し、荷卸しして空車で同じ道を戻ってきたとき、全走行距離は往復で160キロメートルなので、実車率、80÷160＝50％となります。復路も積載貨物があった場合、160÷160＝100％となります。

73

4.4 鉄道輸送の仕組み

鉄道輸送は他のモードと比較してCO$_2$排出量が少ない手段として注目されています。輸送方式はコンテナ輸送と車扱い輸送の2種類あります。

■鉄道輸送の特性と国内貨物輸送における鉄道の役割

鉄道輸送のおもな特徴として、①長距離輸送（おおむね500キロメートル）でのコストメリット、②1運行で大量に物を輸送できる、③4つのモードの中で二酸化炭素（CO$_2$）の排出量が少ない、という3つがあげられます。

①長距離輸送でのコストメリット

JR貨物（日本貨物鉄道株式会社）によると、長距離輸送においては、コンテナ輸送の平均距離は900キロメートルを超えていると言い、荷主企業も長距離輸送にはJRコンテナの利用率が高いと言えます。ほかのモードに比べてコストが低くなっていることも鉄道輸送の魅力です。

②1運行で大量に物を輸送できる

首都圏から福岡間の輸送需要が最も大きく、この区間の貨車の最大編成数は26両で、5トンコンテナを130トン、総重量で650トンの貨物を一気に輸送できます。1日7便運行しています（すべての便が直行というわけではありません）。車扱い輸送（76ページ参照）の代表である石油類輸送では、1便あたり、1000キロリットルを超える輸送力を発揮しています。

③4つのモードの中で二酸化炭素（CO$_2$）の排出量が少ない

CO$_2$排出量削減においては、京都議定書による二酸化炭素などの温室効果ガス排出量削減目標としての、1990年比6％が、運輸部門全体では2015年度で見ると7％の増加となっています。貨物部門については、16.5％減少しているようです。

輸送機関別のCO₂排出量原単位（2015年度実績）

〈モーダルシフトの効果〉

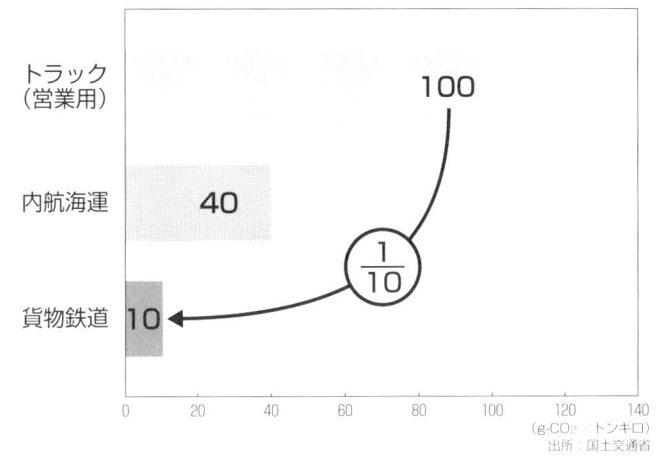

- トラック（営業用）：100
- 内航海運：40
- 貨物鉄道：10

トラック→貨物鉄道：1/10

（g-CO₂／トンキロ）
出所：国土交通省

※輸送機関別のCO₂排出量原単位（1トンの貨物を1km輸送したときのCO₂排出量）：2015年度実績

※国立環境研究所温室効果ガスインベントリオフィスのデータ及び各輸送機関の統計資料を元に国土交通省作成。2015年度下半期のトラック輸送量については推計値を使用。

〈鉄道輸送量と輸送分担率の推移〉

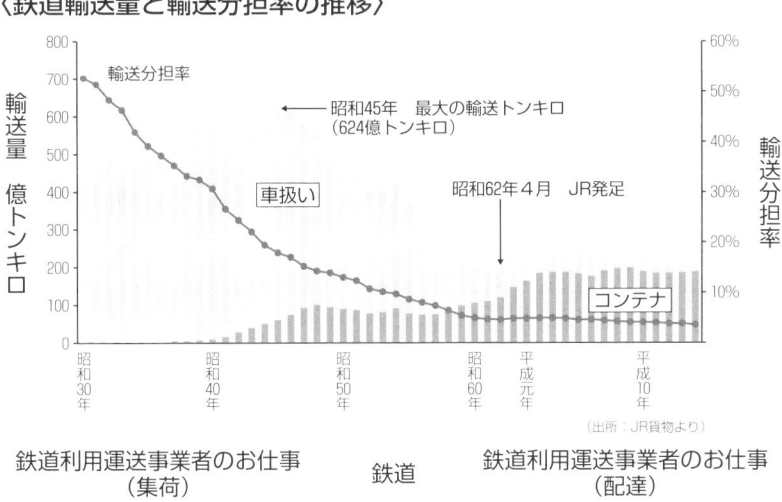

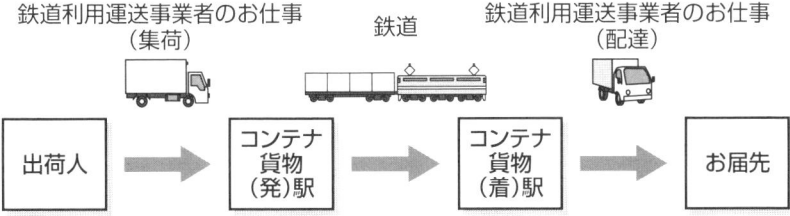

- 輸送分担率
- 昭和45年 最大の輸送トンキロ（624億トンキロ）
- 車扱い
- 昭和62年4月 JR発足
- コンテナ

輸送量 億トンキロ／輸送分担率

（出所：JR貨物より）

鉄道利用運送事業者のお仕事（集荷）　→　鉄道　→　鉄道利用運送事業者のお仕事（配達）

出荷人 → コンテナ貨物（発）駅 → コンテナ貨物（着）駅 → お届先

第4章 輸配送の役割を学ぶ

輸送モードを環境にやさしいモードに切り替えることでCO_2排出量を低減しようとする取り組み（モーダルシフト）の効果として、貨物鉄道輸送のCO_2排出量は、営業トラックの10分の1となっていることから、鉄道輸送がいかに環境への負荷が低いかわかります。

■コンテナ輸送と車扱い輸送

鉄道輸送にはコンテナ輸送と車扱い輸送があります。コンテナ輸送は、文字通りコンテナという容器に貨物を詰めて輸送する方法です。コンテナの種類は標準的な5トン（12フィート）コンテナを中心として20フィート、30フィート、31フィートの他、常温用、冷蔵・冷凍用、タンクコンテナなど多種多様です。コンテナは、トラックから貨物車へ、また、貨物車からトラックへの積替え作業が容易でスピーディに行なえる特徴があります。

一方、車扱い輸送は、1両が特定の貨物しか積載できないという専用車両ではありますが、石油類の輸送のように、1列車で1000キロリットルを超える大量の石油類を一挙に輸送することができます。現在はトラック輸送に押され、ほとんど見受けられなくなりましたが、過去には鉱物や石炭、砂利や穀物、郵便物、紙製品などの専用貨車がよく走っていたものです。

鉄道輸送の輸送量は、昭和45年をピークに減少しており、車扱いは際立って激減しています。一方、コンテナ輸送は一時伸びが見られましたが、現在の取扱量は横ばい傾向にあります。

■コンテナ輸送には通運会社（旧称）も大きな役割をもつ

鉄道は、路面電車を除き、道路を走って輸配送をするわけではありません。よって鉄道貨物への集配や積卸しは、鉄道輸送の取次ぎを行なう鉄道利用運送事業者によって行なわれています。鉄道貨物輸送は、これらを含めて成り立っており、両者の連携によって、初めて発荷主から着荷主の間における一貫輸送が行なえるわけです。

4.5 鉄道輸送の課題と今後の展望

> コンテナ扱い駅が約130箇所と少なく、集配時間やコストがかかります。また、コンテナ容積の制限から大きな貨物に向きません。

■旅客優先のJR路線で、旅客ダイヤのすき間を縫って走る貨物

　鉄道貨物の代表的な企業として日本貨物鉄道があります。旧国鉄が分社化、民営化されましたが、JR貨物は、全国規模での営業を続けました。

　JR旅客鉄道は、北海道、東日本、東海、西日本、四国、九州にそれぞれ路線を分割しました。JR貨物は、これらの会社線を借りて運行をしています（一部貨物専用線も残っている）。以前は、今よりも多くの貨物専用線がありましたが、鉄道貨物量の減少にともない、ダイヤの合理化を図るため、旅客輸送にも利用されるようになり、旧貨物線に新駅を作るなど、旅客の利便性は、ずいぶん拡大しました。

　現在の路線で言えば、山手線と一部並走する埼京線や、新幹線と並走する横須賀線は、もともとは貨物専用線だったのです。

　このため、旅客輸送での運行の遅れがいったん発生すると、そのダイヤの遅れを取り戻すために旅客のダイヤが先に組まれ、貨物輸送はそのダイヤのすき間を縫って運行せざるを得なくなっているのです。

■コンテナ取扱駅の減少

　現在のコンテナ取扱駅は、約150駅となっており、さらに縮小傾向にあります。過去には東京の汐留に大きな貨物駅があったのですが、赤字の旧国鉄がその土地を売却し、大井貨物ターミナルに集約するようになりました。また、関西でも梅田貨物ターミナルが閉鎖となり、その跡地には、大規模な商業施設ができ始めています。貨物の取り扱いができる駅がだんだんと減少していることも、コンテナを利用するうえで、課題となっています。

■コンテナ荷扱いと列車のスピード化

　貨物駅が少なくなる課題はあるものの、コンテナを取り扱う駅の合理化も進化しています。これまでコンテナの荷卸しは、貨物駅の架線のない引込線に移動させて行なわれていました。なぜなら、コンテナの積み下ろしに架線が邪魔になるからです。また電気機関車からディーゼル機関車に牽引を替え、そこでも切り離し作業や連結作業の時間が多くかかっていました。ところが最近は、架線のある場所でもE&Sコンテナ荷役方式（Effective & Speedy Container Handling System）による積み卸し作業が貨物専用プラットホームで行なわれています。

　このE&Sコンテナ荷役方式とは、着発線荷役方式や架線下荷役方式とも呼ばれ、コンテナ列車をわざわざ引込線に移動させずに、本線に並行して作られた支線のプラットホームに到着させ、いったん架線の電流を止めることにより、コンテナが架線に接触しても、本線に影響が出ないように、また安全面でも工夫して作られた施設です。コンテナの積み下ろしが完了すれば、再度架線に電流を流すことで、貨物列車は出発できるようになっています。これによる荷役の短縮時間は最大で3時間だとも言われています。

　2015年4月時点では29の貨物駅でE&Sコンテナ荷役方式を導入しています。

■貨物列車のスピード化

　貨物列車は編成が長く、機関車に引っ張られて走行することから、スピードが遅いというイメージがあります。現在の貨物列車の最高速度は時速100kmのようです。しかし、近年、以前の貨物列車の常識を覆す高性能な貨物車両が登場しました。その名は、スーパーレールカーゴ。佐川急便とJR貨物が共同開発した最高速度時速130kmの高速貨物列車です。この列車は東京～大阪間を6時間程度で結んで毎日1往復運行しています。積載コンテナは、31フィートコンテナで、貨物列車のシャーシから10トントラックのシャーシへとトップリフターと呼ばれる大型リフトで載せ替え、そのまま貨物駅に隣接した支社へ移動させ、また、直接荷主

E&S（着発線荷役）方式

●従来のコンテナ荷役方式

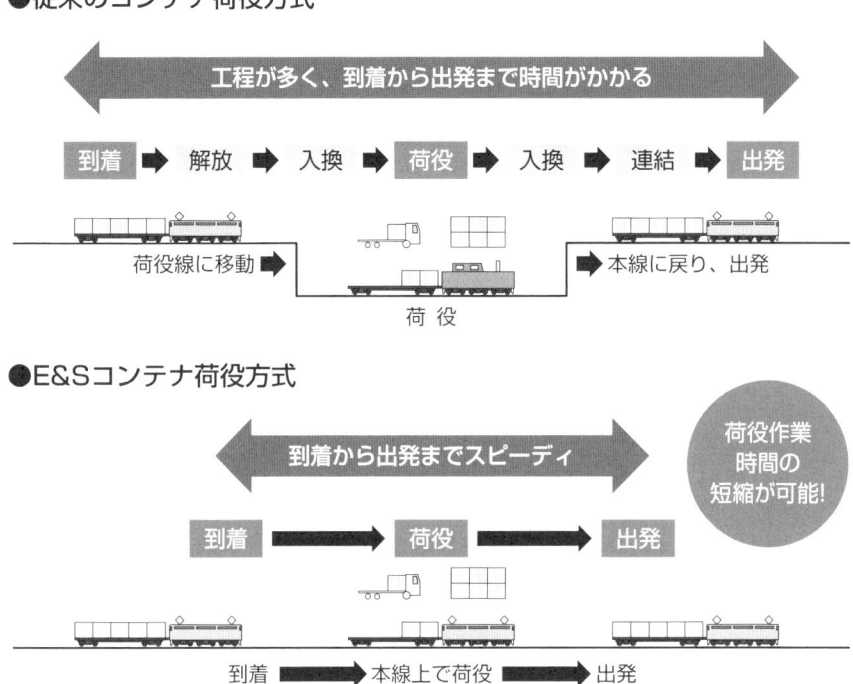

工程が多く、到着から出発まで時間がかかる

到着 ➡ 解放 ➡ 入換 ➡ 荷役 ➡ 入換 ➡ 連結 ➡ 出発

荷役線に移動 ➡　　　　　　　　　　　本線に戻り、出発
　　　　　　　　　　荷役

●E&Sコンテナ荷役方式

到着から出発までスピーディ

荷役作業時間の短縮が可能!

到着 ➡ 荷役 ➡ 出発

到着 ➡ 本線上で荷役 ➡ 出発

　へ配送できるようになっています。貨物ダイヤも出発が23時過ぎで、遅めの集荷でも間に合い、また翌日5時30分までに到着駅に着くため、関西圏⇔関東圏へ翌日午前中配達ができるようになっています。

　JR貨物では2014年3月から、速達列車の設定や、翌日配達圏の拡大など、今までよりもサービスの向上を目指してダイヤ改正が実施されます。

4.6 貿易を担う海上輸送の仕組み

海上輸送には、自己運送と他人運送があります。国際輸送においては、貿易業務が不可欠であり、様々な人たちが関わります。

■自己運送と他人運送

　自社工場から取引先へ製品を輸送するとき、まず、港まで自社車両で持って行き、港から自社の船舶（専用船）で相手側の港へ運ぶことを自己運送と言います。近代海運業が成立した産業革命以前は、荷主と海運業が分化しておらず、荷主自らが船主を兼ねる自己運送が主体でした。

　今日でも、原油、石炭、鉄鉱石を対象とした専用船では自己運送が行なわれています。一方、他人運送は、船会社・航空会社・利用運送会社などの運送人を利用して行なう運送を言います。

■貿易に関わる人々

　船舶（海上）輸送の場合、国内への輸送を内航海運、海外との輸送を外航海運と呼んで区別しています。

　貿易には、様々な人や企業、官庁が関わります。輸入者が海外企業に発注をするときには、まず、相手国企業からの信用が得られるかどうかが大切です。相手国側にとっては、商品の代金をきちっと払ってくれるだろうか？　という不安がありますので、ここで、銀行が大きな役割を果たします。一方、輸入者側では、お金は払ったが、注文通りの商品が届くだろうか？　という不安があります。ここでは、船会社や倉庫会社が輸配送を、また銀行も支払いを保証する役割を果たします。さらに、外国から商品を輸入するわけですから、入国時に関税もかかります。その関税をきちんと取り立てるのが税関の役割です。

　その他にも、荷を固定するための梱包会社や商品を運送する運送会社、船会社、航空会社、鉄道会社などが関わります。運送途中の万一の事故

自己運送と他人運送

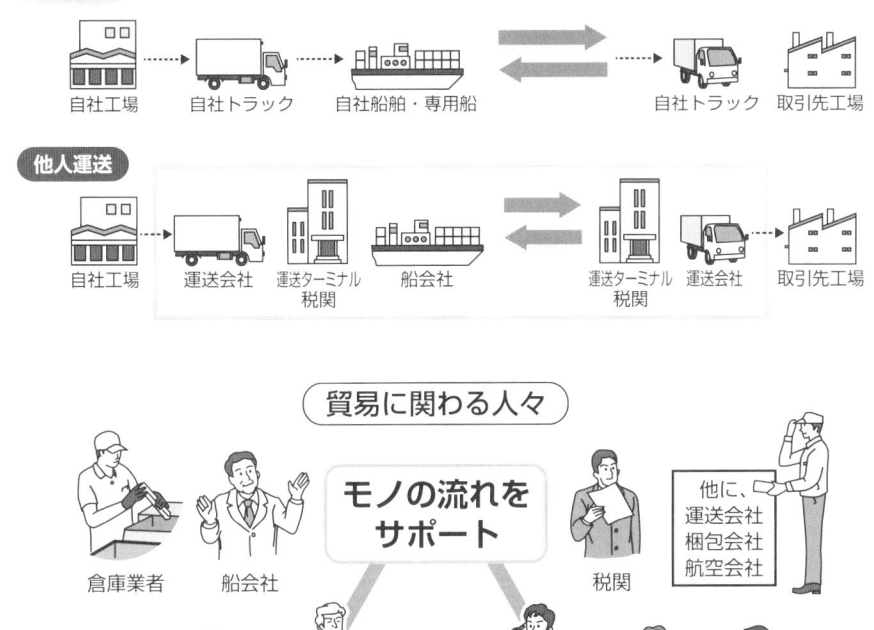

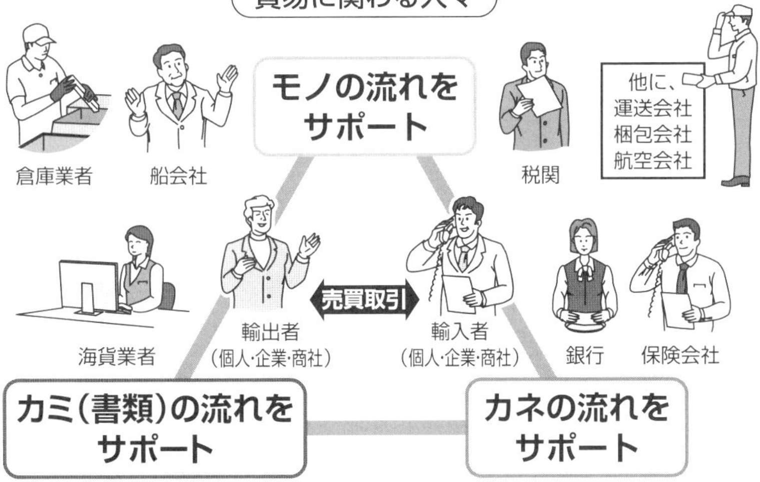

自己運送

自社工場 → 自社トラック → 自社船舶・専用船 ⇄ 自社トラック → 取引先工場

他人運送

自社工場 → 運送会社 → 運送ターミナル 税関 → 船会社 ⇄ 運送ターミナル 税関 → 運送会社 → 取引先工場

貿易に関わる人々

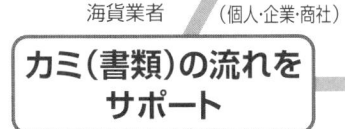

モノの流れをサポート：倉庫業者、船会社、税関（他に、運送会社、梱包会社、航空会社）

カミ（書類）の流れをサポート：海貨業者、輸出者（個人・企業・商社）

カネの流れをサポート：輸入者（個人・企業・商社）、銀行、保険会社

売買取引（輸出者 ⇄ 輸入者）

リスクに対しては、保険会社がそのリスクケアの役割を果たします。

　海運貨物取扱業者（海貨業者）は、これらの煩雑な輸出入の手配を円滑に処理してくれる、フォワーダー（国際輸送を扱う業者）や乙仲と呼ばれる企業を言います。大手では、日本通運や商船三井をはじめ、住友倉庫、三井倉庫、三菱倉庫、辰巳商會、上組、日新、山九などがあげられます。商社系、運送会社系、船会社系、倉庫系など、様々な業種が参入しています。

4.7 スーパー中枢港湾とは

物流での国際競争力を高めるために、海外から日本を経由して海外へ通過する貨物のハブ港湾として、国が中心となり整備されてきました。

■スーパー中枢港湾整備の目的とは

細分化され、個別管理されているコンテナターミナルを民間事業者が一体的に運用することによって、国内主要港（5大港）の国際競争力を高めることを目的としてスーパー中枢港湾が整備されています。具体的には、管理棟や自動化・IT化された荷役機械を有する、水深15m以深の大水深岸壁を含む連続3バース以上（総延長1000m以上）、奥行き500m以上の規模からなる特定国際コンテナ埠頭（次世代高規格コンテナターミナル）を形成する港で港湾コストを現状より3割低減、ターミナル内リードタイムを現状の3～4日から1日程度に短縮させることを目標にしています。

スーパー中枢港湾は、港全体を対象とした概念ではなく、あくまで主要港内に複数存在するコンテナターミナルのうちの一部を対象としている点に注意が必要です。これは国土交通省が同政策の検討を開始した2002年当時、主要港の一部ターミナルで運営の大規模化、荷役機械・システムのIT化などを先導的・実験的に行なうことで次世代高規格コンテナターミナルを育成し、その成果を他のターミナルに順次波及させることを狙いとしていたためです。

■スーパー中枢港湾構想の背景

現在のアジア主要港（シンガポール港や釜山港）が規模の拡大、サービス向上、コスト低減を進める中、日本の国際コンテナ港湾が国際物流の大動脈たるコンテナ船の基幹航路ネットワークから外れる恐れが高まってきました。仮に基幹航路ネットワークから外れた場合、日本港湾は他

スーパー中枢港湾である阪神港の夢洲コンテナターミナル。大型船の着岸が可能になるように写真左側にバースの改良を施そうとしています。(写真撮影：DICT)

国港湾を介した積み替え(トランシップ)による二次輸送(国内中継輸送)の末端港と化し、リードタイムの増加、コストの上昇などにより、日本の産業競争力や輸入品における国民の生活水準が低下してしまいます。

そこで、2002年5月7日に交通政策審議会（港湾分科会）の第1回「物流・産業部会」でスーパー中枢港湾構想の基本的な考え方が初めて提示され、同年11月29日に同分科会において提案された答申「経済社会の変化に対応し、国際競争力の強化、産業の再生、循環型社会の構築などを通じてよりよい暮らしを実現する港湾政策のあり方」でまとめられました。

4.8 航空貨物輸送の仕組み

> 航空貨物輸送も通運業者と同じように空港までは、トラックを利用せざるを得ません。また、海上輸送と同じく様々な人が活躍しています。

■国内航空と国際航空

航空貨物では、国内への輸送を国内航空輸送と呼び、海外との航空輸送を国際航空輸送と呼んでいます。

■直送貨物と混載貨物

航空貨物は、直送貨物と混載貨物を区別して輸送されます。少量の輸送には混載便を、ロットがまとまった貨物は直送便を利用します。

輸出航空貨物の内訳を見ると、直送貨物は7万4000トン、混載貨物は130万5000トンと、混載貨物がいかに多いかがわかります。

■フォワーダー

利用運送会社の仕事を行なう会社をフォワーダーと呼びます。フォワーダーは自ら航空機を運航せず、航空会社の航空機を利用して運送事業を行なっています。一般的には、混載業者、フレート・フォワーダー、フォワーダーと呼ばれています。

多くの顧客から集荷して、貨物を大口にまとめるほど航空輸送料割引を受けられる仕組みになっています。荷主に提示する運賃と航空会社に支払う運賃の差額（混載差益）が収益源となります。

代表的な企業として、日通航空、近鉄エクスプレス、西鉄航空などがあげられます。

■インテグレータ

国際宅配便を行なう事業者をインテグレータと言います。企業の国際

直送貨物と混載貨物

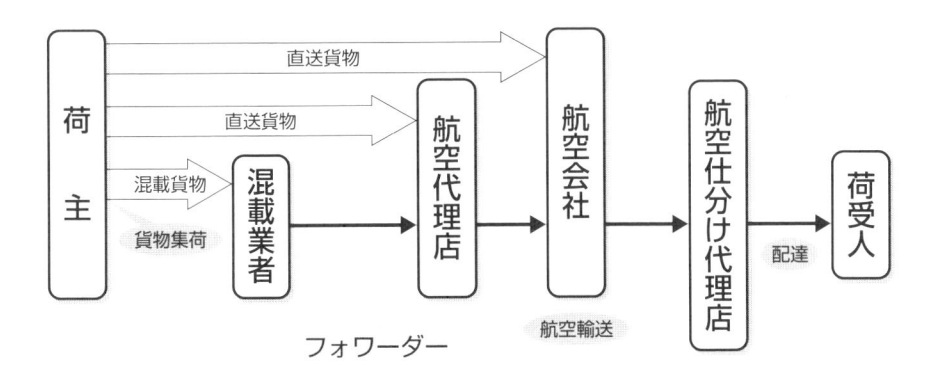

荷主 →(直送貨物)→ 航空代理店 → 航空会社 → 航空仕分け代理店 →(配達)→ 荷受人
荷主 →(直送貨物)→ 航空代理店
荷主 →(混載貨物/貨物集荷)→ 混載業者 → 航空代理店

フォワーダー　　　　　　　航空輸送

フォワーダーの収益（仕組み）

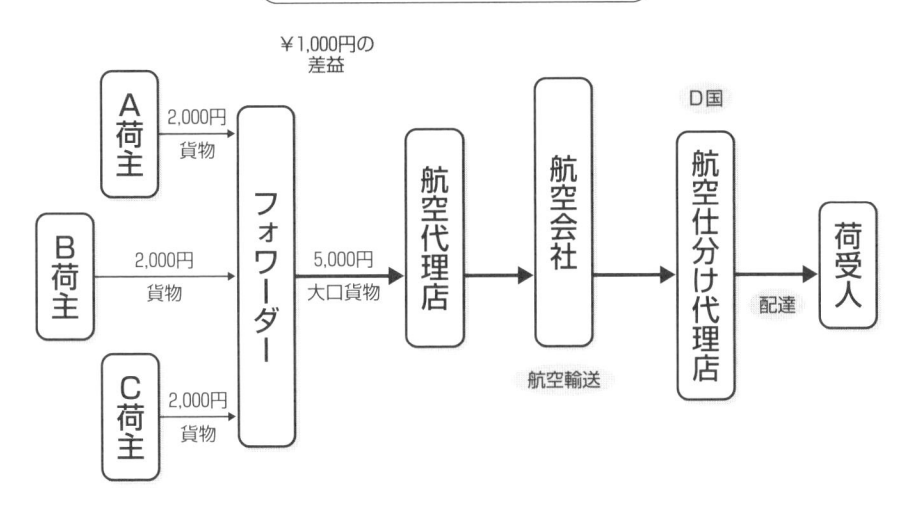

A荷主 →(2,000円 貨物)→ フォワーダー
B荷主 →(2,000円 貨物)→ フォワーダー
C荷主 →(2,000円 貨物)→ フォワーダー
フォワーダー →(5,000円 大口貨物)→ 航空代理店 → 航空会社 → 航空仕分け代理店（D国）→(配達)→ 荷受人

¥1,000円の差益　　　　　　　　航空輸送

化で、書類（クーリエ）、小型貨物（スモールパッケージ）の緊急輸送ニーズが高まった背景があります。

　欧米のインテグレータが中心ではありますが、ドアツードアの迅速な輸送と通し運賃が設定されています。

　代表的な企業として、DHA、UPS、シェンカーなどがあげられ、日本でも外国企業が台頭しています。

Column 4

ドライバーは慢性的な人材不足？

　慢性的な人材不足は、輸送業界の根幹に関わる切実なテーマです。以前から、"トラックドライバー"という仕事は、いわゆる3K1Y（きつい・汚い・危険、野外）の職種として捉えられており、若い人のなり手が少ない傾向にありました。

　物流は生活に欠かせないものです。コンビニエンスストアへの的確な商品供給、さらには、通販の普及によって欲しいものがすぐに手に入る快適な生活環境を得ていますが、これもすべては物流システムの向上と商品を輸送するドライバーの活躍が土台にあってこそのものです。

　つまり、物流がビジネス活性化の原動力になっているわけであり、ドライバーという職種に誇りをもてるような運動が不可欠です。

　そうした取り組みの1つとして「トラックドライバー甲子園」というイベントがあります。輸送の実務の主人公はドライバーであり、誇りをもって働く意義をドライバー自身が築くことによって、業界のステイタスを高めていこうという試みです。

　この大会では、女性ドライバーからの発表もありましたが、今後は女性の活用も人材不足解消の1つのキーワードになるでしょう。女性でも働きやすい環境づくりは、先の3K1Yの払拭にもつながりますし、女性ならではの細やかな気づかいは、トラックドライバーのイメージアップにも大きく貢献するはずです。"佐川男子"ではありませんが、カッコイイ、魅力ある、選び抜かれた人材像を作りあげていくことが、業界発展の重要な戦略と言えるでしょう。

第5章

包装の役割

5.1 包装って何のためにあるの？

包装は、商品の価値や品質を保護し、守るために必要なものです。運びやすく、処理しやすく、使いやすいものが求められます。

■世界中で包装された商品が飛び交っている

近年、世界的な分業化が進んでおり、「世界の工場」などと呼ばれる中国を筆頭に海外の多くの国で生産された商品が、トラック・船舶・飛行機・鉄道などによって北米やヨーロッパ、日本を含むアジア諸国など様々な地域に運ばれています。輸配送の過程で商品を損傷から守ったり、品質を保ったりするために重要な役割を果たすのが包装です。

輸送機器の発達によって輸配送のスピードがより早くなり、モノの移動が激しさを増す中で、商品の破損は大きな損失となります。商品を保護・保管するうえで重要な役割を果たすのが、包装です。

ふだんの生活で「包装」というと、ショッピングセンターでのプレゼントの包装や、宅配便で届く段ボールの包装をイメージする人が多いと思います。包装を単純に考えると、様々な商品を外から包んだり、荷造りしたりするものと捉えがちですが、今日その範囲は非常に広くなっています。

その理由は、高度に発展した消費社会において、海外からの輸入商品も増加し、個人の好みも多種多様化して、商品を包むために様々な包装が必要とされてきたからです。

■商品の安全・安心を守る包装

1週間に一度はスーパーやコンビニ、ドラッグストア、百貨店や家電や家具の専門店、ホームセンターなどに買い物に行くことでしょう。ふだん何気なく買っている商品もよく見るとみんな形もサイズも違います。食品であれば、冷凍・冷蔵の商品など温度管理の方法も違います。

様々なリスクから商品を守る包装

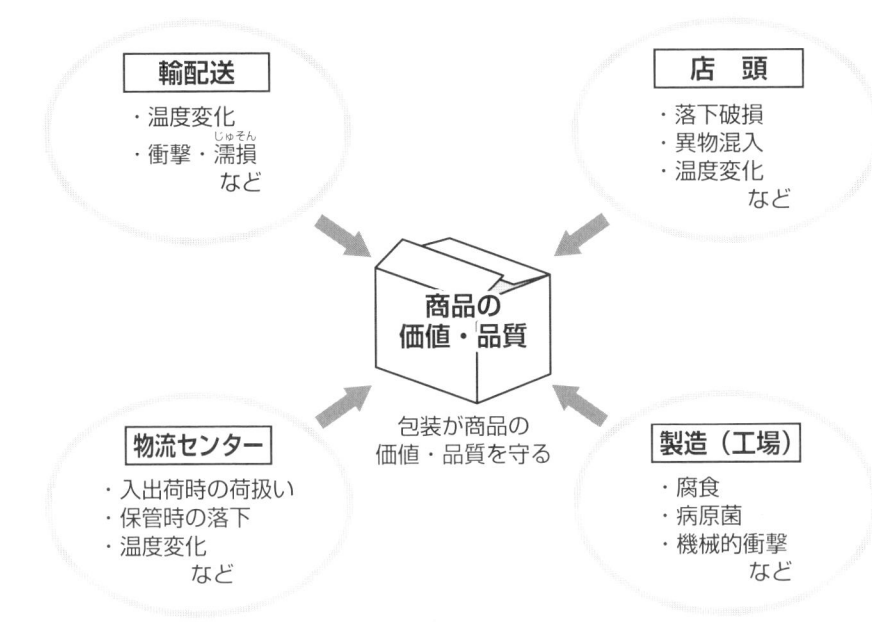

輸配送
・温度変化
・衝撃・濡損(じゅそん)
　など

店頭
・落下破損
・異物混入
・温度変化
　など

物流センター
・入出荷時の荷扱い
・保管時の落下
・温度変化
　など

製造（工場）
・腐食
・病原菌
・機械的衝撃
　など

商品の価値・品質

包装が商品の価値・品質を守る

　それぞれの商品が出荷され、お店に運ばれて、みなさんが家にその商品の価値を保ったままもち帰るために、その商品ごとの適正な包装は欠かせません。それぞれの包装を注意深く見てみると、いろいろな違いが見えてきます。

　例えば、医薬品業界では、「アンプル」と呼ばれる薄いガラスの密閉型容器に包装したり、食品業界であれば、小麦粉のような粉体のものを袋で包装したり、食品であれば卵のように割れやすいものをプラスチックの容器で包装したり、りんごや桃などはフルーツキャップに入れて傷がつかないように包装されたりしています。化学メーカーのようにドラム缶などで液体を包装するのもあります。

　このように、多種多様な包装のおかげで、商品を安全に運び、商品の品質を保って世界中のいろいろな国に運ぶことができるのです。いかに包装が大事な役割を果たしているのかわかるはずです。

5.2 工業用包装と商業用包装の違い

包装は中身を守るだけではなく、商品コストの削減や付加価値の向上など大切な役割を果たしています。

■工業用包装と商業用包装の目的（売り手側主体）

包装資材は、それ自体で価値をもつわけではなく、脇役にあたりますが、包装資材がなければ、商品を安全に輸配送できません。

また、包装はラッピングをイメージするとわかりやすいのですが、製品の付加価値を高めることもできるため、製品にとって重要な資材として位置づけられます。ただ、製品や目的によって、消費者の目に触れるもの、触れないもので包装を変えないとコストばかりかかってしまいます。

そこで、包装は、売り手側主体で考えると、その目的に応じて工業用包装と商業用包装に分けられます。

工業用包装とは、とくに商品の保護と保管、輸送を容易にし、できるかぎりコストをかけない包装のことです。

商業用包装とは、いわゆるパッケージのことを言い、お店で消費者に買ってもらうための宣伝媒体ともなるため、お金をかけて色やデザインに工夫が施されています。包装を考えるときには、目的に応じてコストを勘案しないと、意味を成さないのです。

■業務用包装と消費者包装（買い手側主体）

買い手側を主体に考えると、包装には、業務用包装と消費者包装があります。

業務用包装は、企業や工場などで継続的に大量に供給する商品を大型の容器でまとめた包装のことです。

消費者包装は、スーパーで売っているお菓子など、コストが多少かかっても購買層を引きつけるための工夫が施されたものです。

包装の分類

〈売り手側から見た分類〉

工業用包装

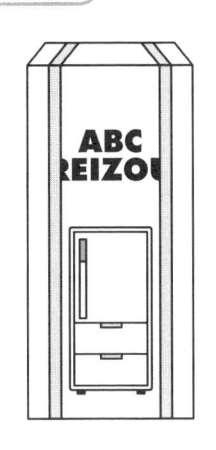

商品の保護と保管、輸送を容易にし、できるだけコストをかけない包装

商業用包装

消費者に購入を促すために色やデザインを工夫した包装

〈買い手側から見た分類〉

消費者包装

購買層を引きつけることが優先される包装

業務用包装

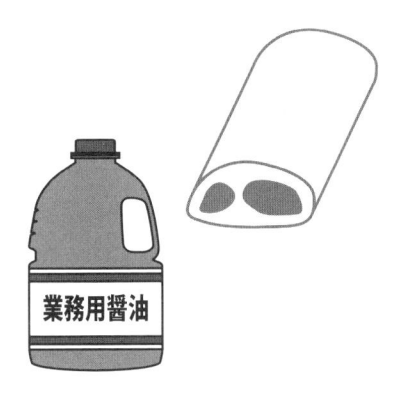

各種事業所（学校、病院、ホテル、食堂など）用に大型の単位で包装したもの

第5章 包装の役割

5.3 包装材料の種類

包装材料にはおもに4種類の素材があります。用途に応じて素材を選択します。

■最も使われる量が多い段ボール

包装材料には、段ボール、プラスチック、金属、木材などがあります。例えば段ボール箱や、折りたたみコンテナのようなプラスチック容器、ドラム缶やペンキ缶のような金属容器、ワインやメロンの入っている木材の木箱などがあります。

一般的に、身近なところでは、段ボールが一番多く使われています。宅配便で商品が届いたり、引っ越しで荷物を段ボール箱に詰めたり、国内統計でも包装材料では、段ボールが最も多く使われています。

■段ボールの基本形はJISで規定されている

段ボールの基本形は、片面段ボール、両面段ボール、複両面段ボール、複々両面段ボールの4種類があります。段ボールの波型の段（フルート）はAフルート（約5mm）、Bフルート（約3mm）、Cフルート（約4mm）がJIS（日本工業規格）で規定されています。

段ボールは、古紙使用率がほぼ100％で廃棄物削減に寄与し、環境にやさしい包装と言えます。

近年、日本で主流となっているAフルート（5mm）から1mm薄いCフルート（4mm）に段ボールが切り替わる傾向があります。世界では、このCフルートが主流です。段ボール容積を約2割減らせて、トラックでの輸送効率が向上します。

第5章 包装の役割

包装材料と容器の種類

〈容器の種類〉

①段ボール箱　②プラスチック容器 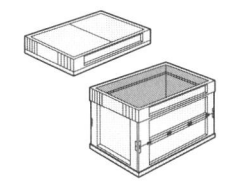　③金属容器 　④木材容器

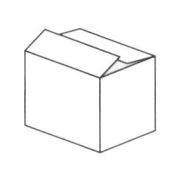

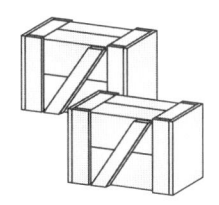

〈段ボールについて〉

Aフルート
両面段ボール

約5mm（厚み）
段山数34±2/30cm（JIS）
約1.6（段繰率）

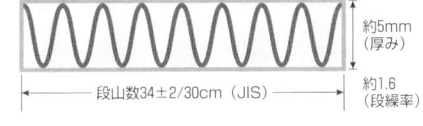

ABフルート
（Wフルート）
複両面段ボール

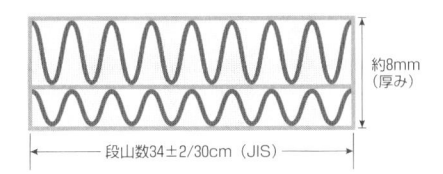

約8mm（厚み）
段山数34±2/30cm（JIS）

Bフルート
両面段ボール

約3mm（厚み）
段山数50±2/30cm（JIS）
約1.4（段繰率）

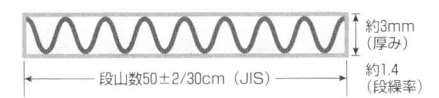

Eフルート
両面段ボール

約1.8mm（厚み）
段山数94±6/30cm（JIS）

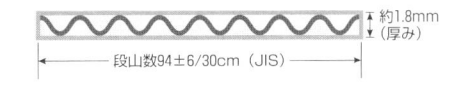

Cフルート
両面段ボール

約4mm（厚み）
段山数40±2/30cm（JIS）
約1.5（段繰率）

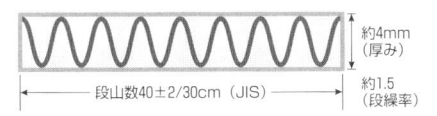

5.4 包装の3種類

包装には、外装、内装、個層の3つの種類があり、包装に問題が発生した原因を追及する際の起点になります。

■外装・内装・個装、それぞれの役割

　包装の種類は、外装・内装・個装の3つの種類に分けられます。それぞれ、輸送や保管にあたり適切な材料や・容器などを使い、その商品の価値や中身の状態を保護するためのものです。その役割を1つひとつ説明していきましょう。

　外装とは、包装貨物外部の包装で、箱・袋・樽・缶などの容器に入れ商品を汚れなどから守るものです。

　内装とは、個装と外装の中間の包装のことを言います。包装貨物内部の包装で、水・湿気・光・熱・衝撃などから商品の中身を保護するためのものです。

　お菓子の場合、例えばキャラメルが10粒が個包装されているものを、10個単位のケースに入れてまとめ、それをさらに大型のダンボールに入れて運びます。

　この個装と外装の中間でまとめるケースを内装と言います。

　最後に、個装とは、商品個々の包装で、商品の価値を高めるため、または物品個々を保護するための直接包装のことです。どんな商品も、段ボールのままお店に並んでいたら、買い物に来た消費者は何が入っているかわからないため、買うことができません。

　食品・日用品・家電製品などをお店に買い物に行ったとき、中身よりも先に商品パッケージを見たり、情報を読んだりしてから商品を買うことが多いでしょう。実は、企業は個装にパッケージデザイナーを起用してお金をかけて、他の商品よりも魅力ある包装にして付加価値を高める競争をしているのです。

外装・内装・個装事例

外装
箱・袋・樽・缶などの容器に入れ、商品を汚れなどから守るもの

内装
個装と外装の中間の包装。水・湿気・光・熱衝撃などから商品の中身を保護するためのもの

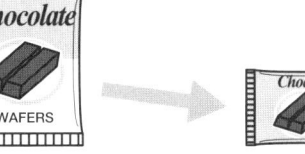

個装
商品個々の包装で、商品の価値を守るため、保護するためのもの

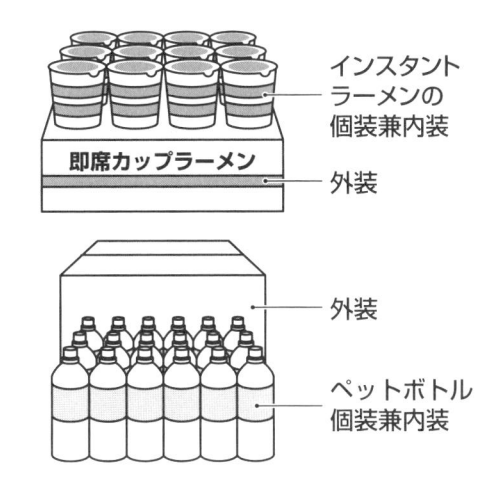

冷蔵庫の外装

インスタントラーメンの個装兼内装
即席カップラーメン — 外装

外装
ペットボトル個装兼内装

※内装と個装は業界によってどれを指すか違いがある

第5章 包装の役割

5.5 適正包装の5つの条件

商品を運ぶためには、適正な包装が必要です。しかし、適正包装の条件を無視すると、多くのムダが発生してしまいます。

　メーカーが工場で生産する商品は、工場からトラックで輸送され、多くの消費者がいる都市圏の近くの物流センターや倉庫に保管されます。発注のタイミングに合わせて、物流センターや倉庫から百貨店や小売店舗などに向けてトラックで運ばれ、店頭に陳列されます。最近では、ネット通販の拡大にともない、物流センターから消費者のもとに宅配便で商品が直接届けられる流れも加速しています。

　このように、商品が工場で作られた後、トラックに積み込まれたり、倉庫に保管されたりする過程で、商品が壊れないように消費者のもとに届けるためには、包装の良し悪しが大きく影響します。

　そのため、商品を守る適正包装のためには、つぎの5つの条件に配慮することが重要です。

①保護性（最も経済的に機能を発揮できる包装になっているか？）

　中身を保護することは大切ですが、厳重に包装しすぎると、包装費が高くつき、容積・重量も大きくなって、保管費・輸送費が高くなってしまいます。丁寧な包装と過剰な包装は紙一重なのです。

②作業性（製造工程とのつながりがよい包装になっているか？）

　製造工程のレベルにあったスピードで包装ができないと作業の流れが遅くなってしまうため、生産性が低下してしまいます。

③荷役性（物流現場での商品の荷扱いがしやすい包装になっているか？）

　商品の包装も含めて、大きすぎたり、重すぎたりすると商品の雑な取扱い（ラフ・ハンドリング）によって商品を落下させて破損したり、カ

適正包装の5つの条件

① **保護性**
最も経済的に機能を発揮できるか？

② **作業性**
製造工程とのレベルにあっているか？

③ **荷役性**
物流現場で商品の取り扱いがしやすいか？

④ **販売促進性**
お客様にとって、包装が開けやすい状態になっているか？

⑤ **廃棄処理性**
包装資材の廃棄処理が容易にできるか？

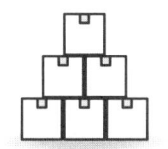

ドを凹ませたり、荷物を足に落として怪我をしたりする可能性が高くなります。

④販売促進性（お客様にとって、包装が開けやすい状態になっているか？）

　商品が壊れないように厳重に包装されていても、簡単に中身が取り出すことができないと、お客様の利便性が下がり、販売ロスにつながってしまいます。また、包装によって、内容品の表示が見づらかったり、隠れてしまったりしていると、購入後、思っていた商品と違って返品される要因になってしまいます。

⑤廃棄処理性（包装資材の廃棄処理が容易にできるようになっているか？）

　近年、環境問題など、廃棄物に対する規制が厳しくなっています。包装も中身を取り出した後は、ゴミになってしまいます。ただ、そのゴミを再生することができれば、ゴミではなく資源となりますし、資源として再生できれば、ムダな処理費用が発生しなくなり、社会にも環境にもよいです。

5.6 シッピングマーク（荷印）とケアマーク

段ボールには、外箱に「取扱注意」「割れ物」などいろいろな表示があります。マークの役割を理解することで、荷扱いも変わります。

■ マークで確認作業時間を短縮

　日本で生産された商品を海外に輸出する際に、1つひとつ包装を開け中身を取り出して確認していては、とても時間がかかります。外装に中身の種類がわかるマークや文章が記載されていれば、物流における確認作業時間も短縮することができます。

　その役割を果たすのがシッピングマーク（荷印）とケアマークです。シッピングマークには、定型フォームや様式が決められていないので、輸入者側からの指示で何を表示するかが決まります。ケアマークは、日本国内ではJIS（日本工業規格）で定められていますが、海外では独自のケアマークシールを使っている国や地域があるので注意が必要です。なお、医薬品や危険物の輸出については、相手国（輸入側）の政府がマークやラベル事項を決定する場合もあります。

　シッピングマーク（荷印）とケアマークの目的には、以下の5つがあります。
①包装された商品の中身を外側から判断できるようにする
②包装された商品の物流における仕分け作業を効率化させる
③包装や保管の際に、作業者がその荷物の取扱上の注意点が外箱からわかるようにする
④商品ごとの個別の重量や容積がわかるようにする
⑤複数の商品の場合は、連番をつけて、他の商品と混ざらないように個数を特定する

シッピングマークとケアマークいろいろ

●シッピングマークの例

製造メーカーロット番号・バーコード　　　野菜の等級

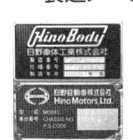

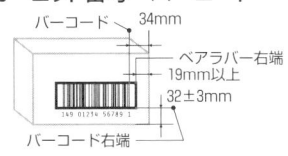

加工食品の原材料原産地　　　肉の原産地

●ケアマークの例

−18°C	6	取扱注意	熱遮へい	横積み禁止	手かぎ禁止
保冷温度	積み段数制限	取扱注意	熱遮へい	横積み禁止	手かぎ禁止

　シッピングマークとは、商品の型番や品番、荷受人、仕向地（送り先）、原産地、JANコードやケース番号、ロット番号、総重量、容積などが表示されたものです。

　そしてケアマークとは、荷扱い者に商品の取扱いにおける注意または指示事項を、包装表面に、図または短い文章で表示したものです。

　ケアマークは、包装貨物の正面上方隅と側面など異なった場所2か所以上に表示するルールがあります。現在、JISでは、19種類の荷扱指示マークを定めています。

　なお、物流の現場で、荷扱い指示マークをよく見かけますが、ほとんど守られていません。その理由は3つあり、1つ目は、守らなくても罰則がないこと、2つ目は、荷扱いルールを守って作業をすると手間がかかること、3つ目は、現場のパートやアルバイトの人に荷扱指示マークの教育をしていないため、マークを理解していないためです。

　これを読んで学んだみなさんは、シッピングマーク・ケアマークを勉強して覚えてください。

5.7 包装標準化の5つのメリット

商品を衝撃から守る包装は物流に不可欠です。包装を標準化することでコスト削減やトラックへの積載率の向上などを図ることができます。

物流において包装を標準化することで、物流現場における荷役作業の効率化や倉庫スペースの有効活用など次の5つのメリットがあります。

①包装設計の簡易化による資源節約とコスト削減
　すべての機能を均等に網羅した包装を考えるのではなく、必要な機能と補助的な機能を分けて、優先順位をつけて包装を見直すことで、ムダを削減することができます。

②包装材料の置き場スペースの削減、包装在庫削減、保管効率向上
　包装の標準化により、これまで使っていた段ボールの種類を削減したり、様々なサイズに対応可能な段ボールの導入が進み、物流センター内の包装材料の見える化を図ることができます。

③お客様先保管スペースの改善
　これまで、様々な種類の包装資材で梱包した商品をお客様先に納品していたものを、サイズ、規格を絞り込んで標準化することで、お客様先の棚や倉庫の保管スペースを効率的に活用してもらえます。

④荷役・輸送効率の向上
　段ボール箱が統一されることで、台車への積込作業やトラックへの運搬作業がスムーズになり、効率化が図れます。また、細かいサイズごとに段ボール箱が分けられていたものを、数種類の箱に統一することで、トラックへの積載効率を高めて、輸配送費の削減につなげることができます。

> 資生堂の包装費削減事例

● 資生堂久喜工場が開発し、2008年秋に導入

人気商品「ツバキ」「スーパーマイルド」の詰め替えから
10面体段ボールを採用

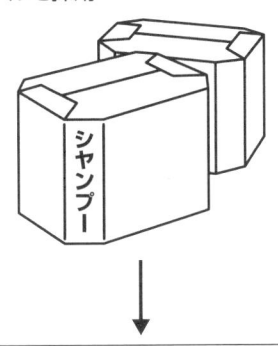

[シャンプー]

↓

・箱の容積：25％縮小
・段ボール使用量：重量で58％、総面積で40％減
・パレット1つの容量：32箱→36箱
　（ツバキ以外の商品は48箱）

出所：日経MJ2010年4月26日記事より

⑤輸送事故の削減

　包装を標準化することでイレギュラーサイズの包装がなくなり、重くて荷物を落としたり、サイズが大きすぎて商品が折れてしまったりするなど、輸送上の事故を削減できます。

　このように、物流の現場では、包装の標準化のための見直しを定期的に行なうことにより、より現場の価値を高めることができるのです。

5.8 効率よく荷物を運ぶユニットロードシステム

荷物をカゴ車やパレットなどに1つにまとめることで、ハンドリフトやフォークリフトを使って効率よく荷物を運ぶことができます。

■包装貨物を1つにまとめる

物流の現場作業をしていると、様々な商品が入荷してきて、そのケースごとのサイズはメーカーごとにこんなにも違うのかと驚かされます。

物流センター内の商品の保管や移動、出荷のために、サイズの違う商品だらけですと作業が煩雑になり、時間がかかってしまいます。

そこで、複数の物品、または包装貨物を、パレットやコンテナ、容器などを使って1つの単位にまとめます。これを「ユニットロード」と言います。

荷物をユニットロードにすることにより、荷役を機械化し、輸送・保管などの作業を一貫して効率化して輸送する方式を「ユニットロードシステム」と言います。

■ユニットロードシステムのメリットとデメリット

このユニットロードシステムのメリットは4つあげられます。

①フォークリフトやクレーンなどによる機械荷役になるため、物流センター内の荷役やトラックへの積卸しの作業時間を大幅に短縮できます。

②コンテナやパレットの使用により、商品の破損・汚損・濡損などの荷傷みを減少させることができます。

③ユニット単位での管理になるため、数量間違いなど、現場の管理作業ミスを削減できます。

④物流現場では人出による箱単位の荷役作業が多い中で、機械荷役による肉体的疲労の軽減、同時による腰痛発生の減少など、労働環境改善にもつながります。

パレットの利用による作業効率化のイメージ

〈作業員2人による手作業〉

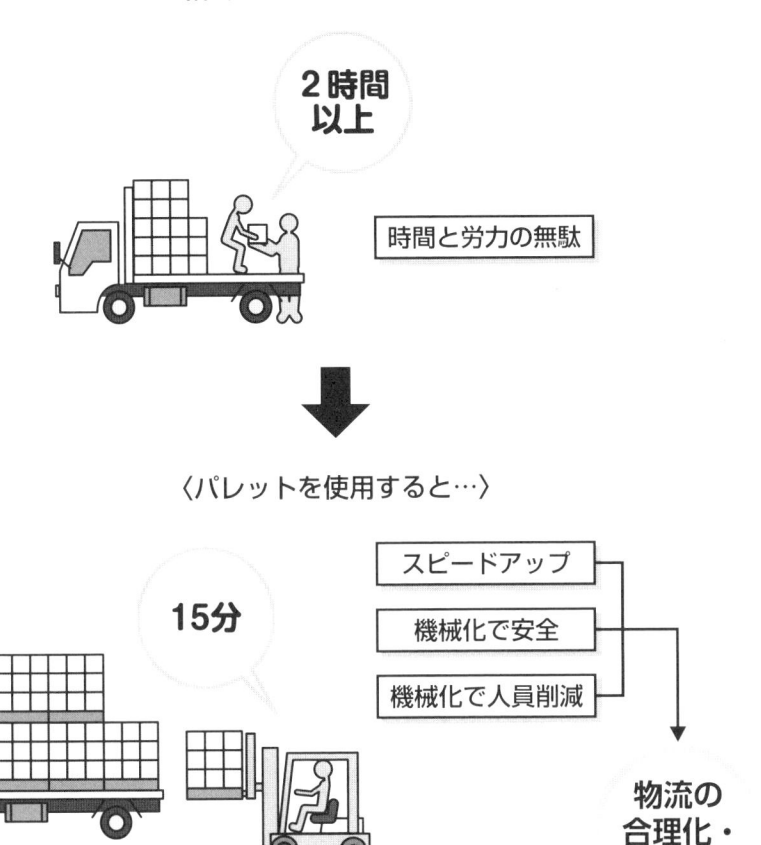

2時間以上

時間と労力の無駄

〈パレットを使用すると…〉

15分

- スピードアップ
- 機械化で安全
- 機械化で人員削減

→ 物流の合理化・効率化

資料：日本パレットレンタル(株)ホームページより作成

　しかしながら、ユニットロードシステムにはデメリットもあります。パレットやコンテナの改修費や修繕費、管理費が必要になるのです。また、荷主側と物流事業者でどのように発生するコストを負担しあうかが、現状ではなかなか折り合わない点もデメリットとしてあげられます。

5.9 荷崩れの防止策

輸配送において、荷物が崩れて破損・汚損などがないようにするための包装技術は、年々進化しています。

■荷崩れには細心の注意を払う

ひと昔前であれば、中身が壊れていなければよしとする傾向があったのですが、現在は、ちょっとした汚れですら返品の対象になってしまいます。

近年、消費者側の段ボールの汚れやカドのつぶれなどの物流品質に対する目が厳しくなっています。そのためメーカー、卸・小売、運送・物流事業者は、商品の荷崩れによる段ボール箱の破損・汚損・濡損などに細心の注意を払わなくてはならないのです。昔から、出荷前の商品のパレットへの積み方では、交互積み、レンガ積み、スプリット積み、ピンホイール積みなど、荷崩れを防止する方法は利用されていました。

■荷崩れ防止のための資材

また、出荷後の輸配送の段階で、トラックの荷台での荷崩れが圧倒的に多いことから、様々な荷崩れ防止のための資材が利用されています。

代表的なものには、よく物流現場で使われる、ストレッチフィルムをはじめ、ゴムバンドラッシングベルトや角あて（エッジボード）、トラックの荷台で荷物が動かないようにするエアマットやネットがあります。最近は、環境も意識して、再利用でき、ゴミを出さないようにするという荷崩れ防止の商品も多数見受けられます。

例えば、荷物がトラックの荷台で前後にすべらないように、荷物の間に挟む再利用できるすべらないシート、ストレッチフィルム包装がゴミになるため、「水溶性の荷崩れ防止液を吹き付ける仕組み」なども開発されています。

荷崩れのおもな原因

棒積み

異型積み

箱の強度不足

荷が軽い

荷扱いが荒い

荷崩れ防止対策

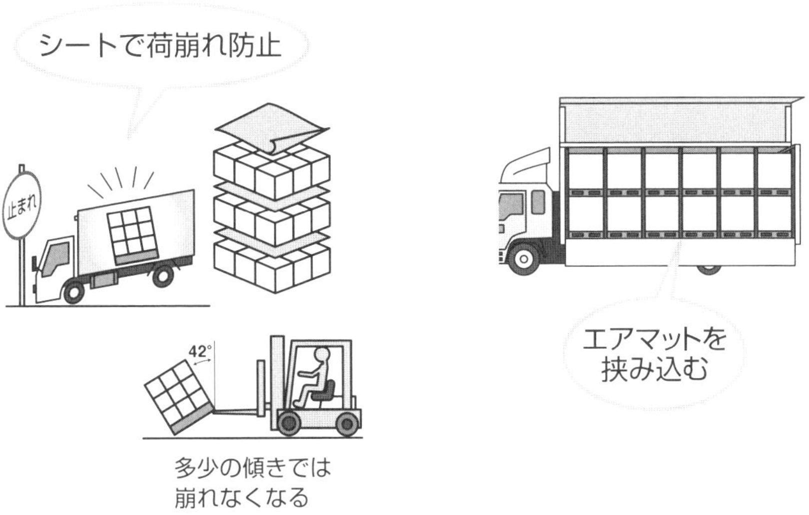

シートで荷崩れ防止

エアマットを挟み込む

多少の傾きでは崩れなくなる

Column 5

トヨタの"カイゼン"が賞賛される理由

　問題のない会社、問題のない現場は存在しません。問題を解決するために多くの人々が改善に取り組んでいるわけですが、"改善"と聞いてまず思い浮かべるのが、トヨタの"カイゼン"ではないでしょうか？

　トヨタが重視するカイゼンの思想は、業務で発生する様々な問題に対し、見て見ぬふりをしたり、「仕方がない」とあきらめたりするのではなく、真っ向から向き合い、現場の人間1人ひとりのアイディアと実行で解決していこうとする姿勢です。

　したがって、"カイゼン＝問題解決"と捉えることができ、問題の発見こそが業務改善、ひいては現場力アップのエネルギーと見る企業文化が同社に根づいているのです。「問題大好き人間の集合体」と言っても過言ではありません。

　ひと口に"問題"と言っても、そのすべてが解決できるものばかりではありません。「こちらを立てれば、あちらが立たず」といった二律背反の問題にも直面するはずです。真の問題や困りごととは、大半がこうした矛盾を抱えているものです。

　トヨタではどちらか一方を切り捨てることによって解決を図るのではなく、「つねに、相反することであっても、同時に高次元で調和させ、克服する」ことを企業バリューとして掲げ、実践してきました。

　世の中に広く、トヨタという一企業が評価・賞賛される理由は、そこにあるのだと思います。

　改善・改良は、現場の日常的な思考トレーニングで養い、習慣化することができます。そう考えると、「改善」の文化を定着させるには、考える現場、つねに思考回路が働く現場にすることが重要と思われます。

第6章

倉庫・物流センターの重要な役割

6.1 荷役とは

倉庫や物流センターの内外で品物を移動する活動。荷役には、6つの作業があり、物流の生産性と品質に非常に大きな影響を与えます。

■荷役の6つの作業

荷役の6つの作業とは、①荷揃え、②積付け／積卸し、③運搬、④保管、⑤仕分け、⑥集品です。荷役の基本は"人"が行なう作業ですが、近年は、人に代わり"機械"を用いる企業が増え、作業効率と生産性を大きくアップさせています。これらの作業を機械や道具、システムを使って効率的に行なうことを「マテリアルハンドリング（＝通称マテハン）」と言い、荷役作業機器のことをマテハン機器と呼んでいます。

①荷揃え

出荷指示書に従って、倉庫内に保管されている品物を集めた（集品）後、同一方面へ運ぶ品物をひとまとめにして揃えることを「荷揃え」と言います。ひとまとめにする方法には、段ボールに詰める、パレットに載せるなどの方法があります。

②積付け／積卸し

一般的には、トラックの荷台やパレットの上に品物規則正しく積んでいくことを「積付け」と言い、トラックの荷台に積まれている品物やパレットに積まれている品物を崩して台車などに載せる、または地べたに置くことを「積卸し」と言います。パレットに品物を積み付けていくことを「パレタイズ」、パレットから荷を崩していくことを「デパレタイズ」と呼んでいます。

③運搬

倉庫内のある場所から別の場所へ品物を移動させる行為を「運搬」と言います。人による運搬をはじめ、フォークリフトやローラーコンベア、

マテリアルハンドリング（マテハン）に使われる機器の例

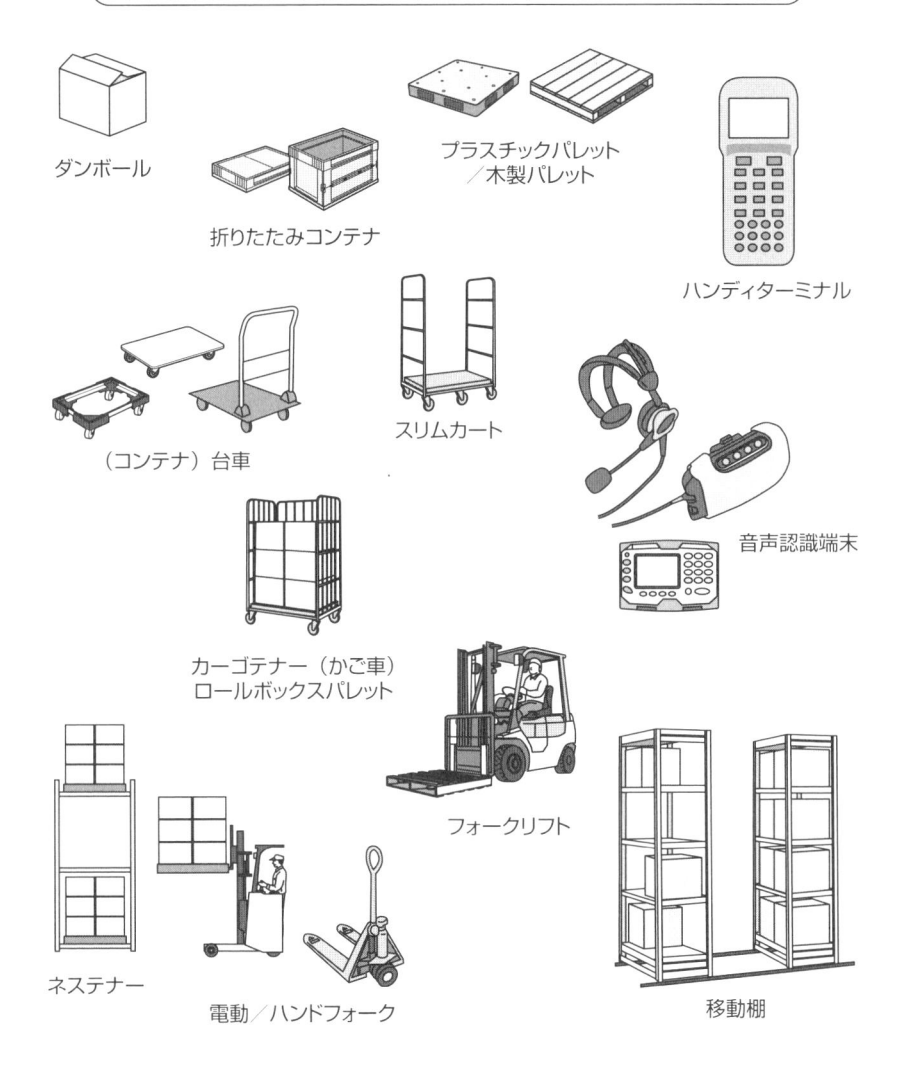

- ダンボール
- 折りたたみコンテナ
- プラスチックパレット／木製パレット
- ハンディターミナル
- （コンテナ）台車
- スリムカート
- 音声認識端末
- カーゴテナー（かご車）ロールボックスパレット
- フォークリフト
- ネステナー
- 電動／ハンドフォーク
- 移動棚

エレベータや垂直搬送機を用いて運搬する場合もあります。また、物流センターの構内にある倉庫間をトラックなどで品物を移動させるときには、「移動」と言う場合があります。

④ **保管**

倉庫内の保管場所に一時的または短期的、長期的に品物を置いておく

ローラーコンベアの種類

①フリーローラーコンベア

- ローラーを駆動しないで人手で押したり、傾斜をつけ重力を利用して搬送したりするローラーコンベア。ローラーの代わりにホイールを使用したホイールコンベアもある。

②駆動ローラーコンベア

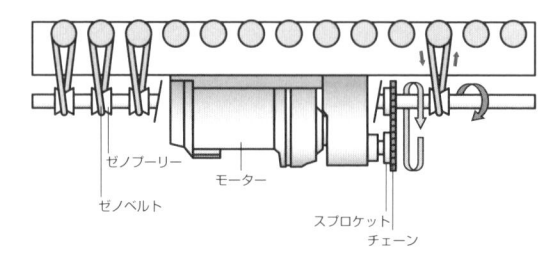

ゼノプーリー　モーター　ゼノベルト　スプロケット　チェーン

- 搬送時にはローラーを常時駆動するローラーコンベアで、一般に搬送ラインの途中でかさ物（容積の大きい物）を停止させない場合に使用する。

③アキュムレーティングコンベア

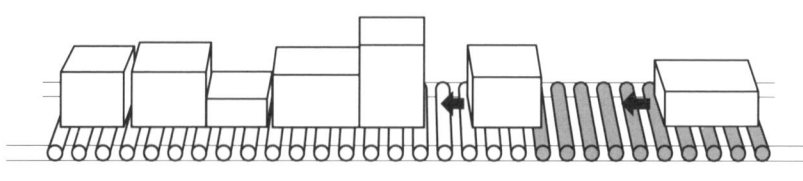

- 搬送の途中でかさ物を停止させ、荷物を蓄積できる機能をもつローラーコンベアです。
搬送ライン上で作業する場合や搬送前後のタイミング調整用に使用します。

ことを「保管」と言います。自社他社問わず、品物は企業の資産ですから、数量や品質の管理が必要になります。保管場所に置かれた品物を在庫と言います。

⑤仕分け

入荷した品物を保管場所別に分別する、また、出荷するために保管場所からもち出された品物を配送先別に分別することを「仕分け」と言います。入荷での仕分けミスは在庫数を狂わせることになり、出荷での仕分けミスは、配送先に間違った品物や間違った数量で納品することになり、クレームを生み出す原因となります。

⑥集品

保管場所にある品物や保管場所外に一時的に置かれた品物を、出荷場所へ集めることを「集品」と言います。物流業界では、ピッキングと呼ばれるものです。出荷指示書に記された品物とその数を正しく集品する正確性が求められる作業です。

■段ボールから情報システム機器まで

「マテハン」という単語の使い方は、会社や人によって定義が違う場合があります。現場によっては、「荷役」や「運搬作業そのもの」を指し、システム会社では「コンベア」などの機器を指す場合があります。

マテハンの概念は、「あらゆるモノの移動にかかるあらゆる作業」と広義に扱われ、いわゆる荷役を指します。このことから、段ボールもマテハンとなります。

■出荷効率を上げるための機械化

物流センターの規模が大きくなればなるほど、多くの荷役機器が必要になります。例えばローラーコンベアは、大量の商品を正しく仕分けするために、情報システムと連携させ、駆使することで、自動的に運搬や仕分けをしてくれます。パレット保管を基本とする物流センターでは、自動昇降機が設置されていたり、何台ものフォークリフトが走行しています。

6.2 検品とは

> 検品は、荷役の中に含まれる重要な作業。入荷検品、出荷検品、加工検品があり、港湾作業においては「検数」と呼ばれています。

■入荷検品

　仕入先から輸配送された品物の品名や数量を、目視または機械によってチェックすることを入荷検品と言います。大量に仕入れられた品物を人手でチェックするのは手間と時間がかかるため、外装検品で済ませるケースも多くなります。それが中身と仕入れ伝票との誤差につながり、棚卸の際、在庫が狂う原因となる場合があります。また、それに気づかず集品し出荷されてしまうと、出荷先からクレームが入ります。

　入口よければ出口よしと言うように、入荷検品は正確に行なわなければなりません。また、海外からの輸入が大半のアパレル商品では、衣類に留め針が残っていないかを検査する検針という作業もあります。

■出荷検品

　集品された品物が出荷先別に仕分けられたときに、配送先や品名、品番、数量について、出荷指示書通りに集品されたかどうかをチェックすることを出荷検品と言います。いくら正しい品名や品番、数量で品物を入荷しても、集品時に取り間違いを起こしてしまえば、在庫の狂いを生じさせるだけでなく、配送先にも多大な迷惑をかけてしまいます。注文通りの品物を倉庫から出荷させるための最後の砦が出荷検品です。出荷検品は倉庫の作業において疲れがたまってくる夕方に行なう場合も多く、目視による検品は、これは正しい商品だ、といった思い込みによる検品ミスが発生しがちです。これを極力防止すべく、バーコードやICタグを使った検品システムを導入している倉庫もあります。

注文から配達までの検品の流れ

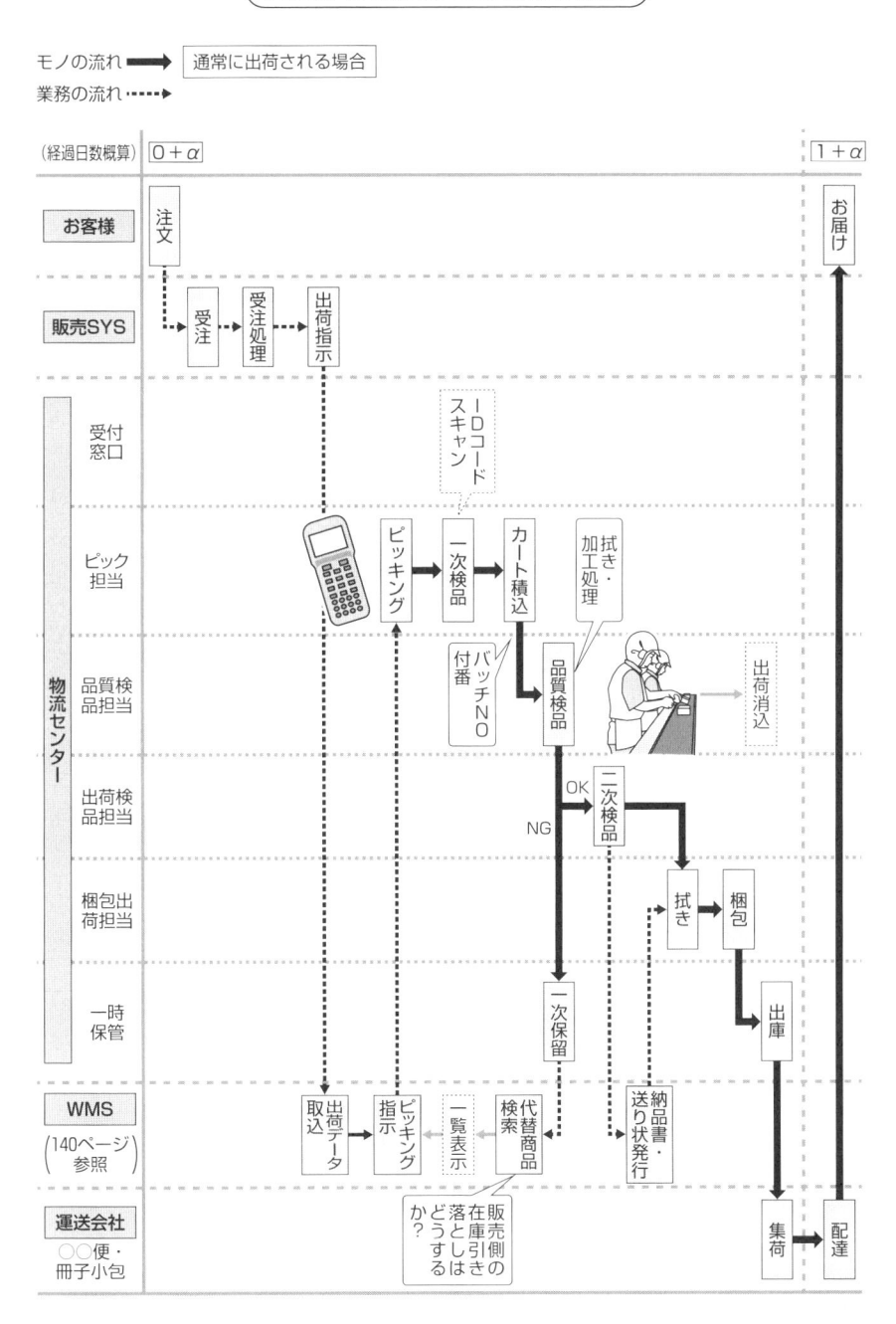

モノの流れ ━━▶ 　通常に出荷される場合
業務の流れ ┄┄▶

第6章　倉庫・物流センターの重要な役割

(経過日数概算)　$0+\alpha$　　　　　　　　　　　　　　　　　　　　　　$1+\alpha$

お客様	注文	お届け
販売SYS	受注 → 受注処理 → 出荷指示	
物流センター 受付窓口		
ピック担当	IDコードスキャン／ピッキング → 一次検品 → カート積込 → 拭き・加工処理	
品質検品担当	付番／バッチNO → 品質検品 → 出荷消込	
出荷検品担当	OK／NG → 二次検品 → 一次保留	
梱包出荷担当	拭き → 梱包 → 出庫	
一時保管		
WMS (140ページ参照)	取込／出荷データ → 指示／ピッキング → 一覧表示 ← 検索／代替商品 → 送り状発行 → 納品書・	
運送会社 ○○便・冊子小包	在庫引落としかどうするか？／販売側の	集荷 → 配達

113

■ **加工検品**

　流通加工を行なう倉庫においては、加工された品物が指示通りの規格や品質になっているかを検査することを「加工検品」と言います。

　食品加工においては、見栄えや色、裁断した品物の1つひとつの重さや長さなどがチェックされるほか、真空パック処理された品物については、ピンホールがないかどうかの検査もあります。また、アパレルにおけるタグ付け作業では、サイズ表示や品番、色、販売価格などのチェックもあります。釘などの小さなものを少ない数量で小袋に詰める作業では、重さで内容量をチェックする検査もあります。長い品物を短く裁断する加工では、加工後の長さをチェックします。

■ **デジタル検品**

　人の目視による検品をアナログ検品と言うのに対し、機械を用いて検品することをデジタル検品と言います。

　アナログ検品は多くの手間と時間を要しますので、デジタル検品に移行する企業も増えています。デジタル検品は、手間と時間を短縮させるだけでなく、検品の正確性を格段に向上させます。ただし、導入するためには、倉庫の規模や入荷及び出荷数量、商品の特性、費用対効果を考慮する必要があります。

　出荷検品においては、人的出荷ミスを防止するために、様々な検品の工夫が施されています。前ページの出荷フロー図では、ピッキング時にバーコード検品を行ない（一次検品）、集品された商品を品質検品にかけ、OKなら二次検品へと進ませています。

デジタル検品の仕組み

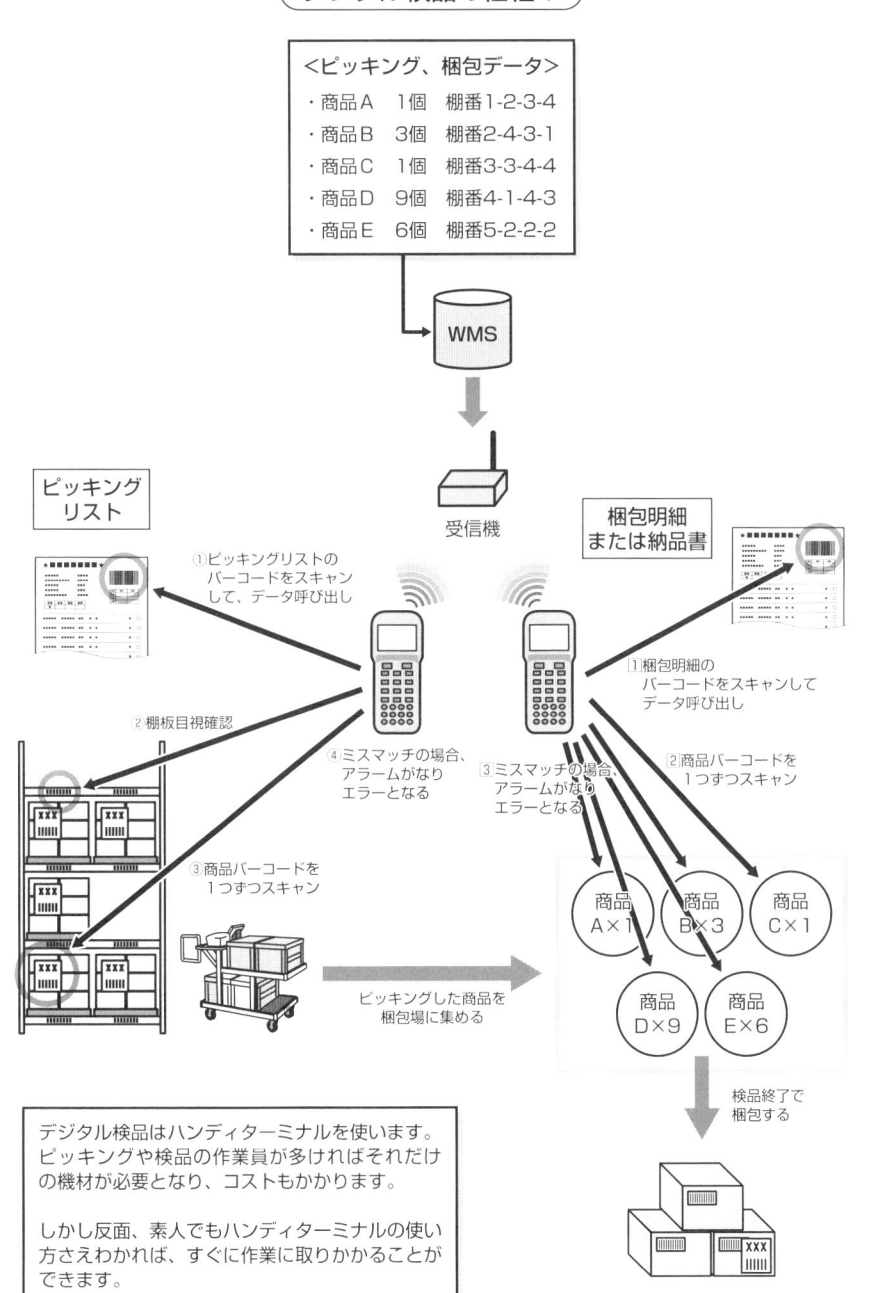

<ピッキング、梱包データ>
・商品A　1個　棚番1-2-3-4
・商品B　3個　棚番2-4-3-1
・商品C　1個　棚番3-3-4-4
・商品D　9個　棚番4-1-4-3
・商品E　6個　棚番5-2-2-2

WMS

受信機

ピッキングリスト

①ピッキングリストのバーコードをスキャンして、データ呼び出し

②棚板目視確認

④ミスマッチの場合、アラームがなりエラーとなる

③商品バーコードを1つずつスキャン

梱包明細または納品書

①梱包明細のバーコードをスキャンしてデータ呼び出し

②商品バーコードを1つずつスキャン

③ミスマッチの場合、アラームがなりエラーとなる

ピッキングした商品を梱包場に集める

商品A×1　商品B×3　商品C×1
商品D×9　商品E×6

検品終了で梱包する

デジタル検品はハンディターミナルを使います。ピッキングや検品の作業員が多ければそれだけの機材が必要となり、コストもかかります。

しかし反面、素人でもハンディターミナルの使い方さえわかれば、すぐに作業に取りかかることができます。

第6章　倉庫・物流センターの重要な役割

6.3 入荷の流れと留意点

入口よければ出口よし。入荷検品は確実に行ない、正確な仕分けや正しい保管場所への格納まで注意を払わなければなりません。

■入荷の流れ

　倉庫で、仕入先や売り手（ベンダー）、あるいは自社工場から届いた品物を受け入れることを入荷と言います。基本的な入荷作業は、届いた品物が同送されている納品書と同じ品番や数量か、また、品物の損傷や品質の異常がないかを、その全部または一部を開梱して行なわれます。個数違い、品物違い、破損などの異常が発生した場合について、それをいったん受け入れるのか、すぐに返品するのか、というルールをあらかじめ明確にしておく必要があります。

■入荷する品物は正しいかどうか疑え

　入荷検品は大事な作業の1つです。大量に品物を受け入れる倉庫では、外装検品のみで済ませている場合が多く、中身の検品を行なう前に入荷計上をするところも多いはずです。棚卸で差異がよく発生する仕入先の品物については、入荷時に抜き打ちで中身を全数検査すると、意外と誤品が見つかることがあります。アパレルの場合はサイズや色違いの品物が入っていた、という現象も見受けられます。

　また、棚卸の結果において、特定の品物が大きな数量差異を発生させていた場合、大量誤出荷による在庫差異はあまり考えにくいものなので、この場合の原因は、入荷検品や入荷登録のミスによるものが大きいと想定されます。

　仕入先においても、出荷検品が甘い場合もありますので、発見したら、即座に仕入先に是正要求をしましょう。

入荷・検品・入庫の流れ

入荷 入荷品の送り状と現品との確認を行なう

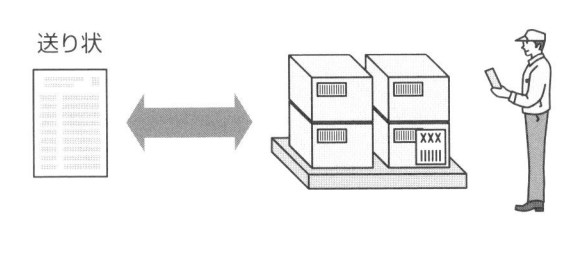

送り状

検品 検品作業によって商品の受け入れを確定する

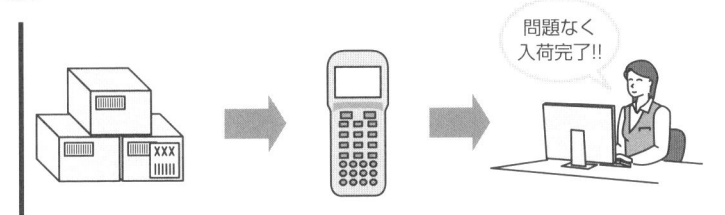

問題なく入荷完了!!

商品の損傷・品質の確認などは全部または一部を開梱して行なう。個数違いなど差異が発生した場合について、あらかじめルールを明確にしておく必要がある。

入庫 入荷品を空き棚に格納する

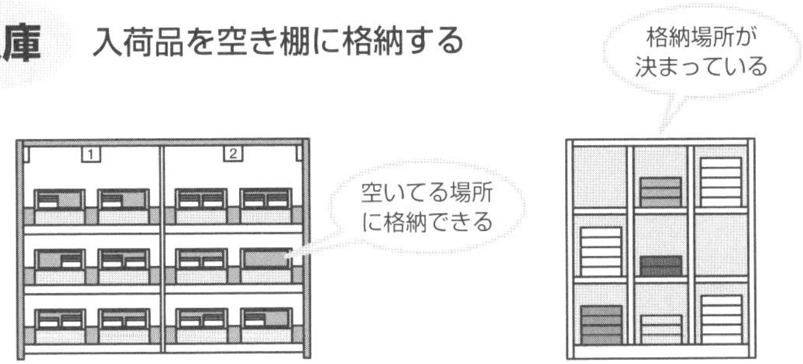

空いてる場所に格納できる

格納場所が決まっている

フリーロケーション方式

固定ロケーション方式

品質、数量、ロケNoなどのシステムへの入力が必須！

第6章 倉庫・物流センターの重要な役割

6.4 出荷の流れと留意点

出荷作業は作業品質を問われる重要な工程。配送先への信頼を左右する重要な砦となり、各企業で様々な工夫がなされています。

■誤出荷防止を最優先にした作業場の工夫や工程が信頼を左右する

出荷作業は、保管されている商品を、作業指示書（ピッキングリスト）を元に正しい品番と数量を確認したうえで集める→仕分ける→梱包する→送状を貼り付ける→行先別にさらに仕分ける→トラックに積み込む、といった工程で進められます。

ここでは、間違って商品をピッキングしないように、様々な工夫が施されます。例えば、ピッキングしようとする商品が、倉庫内のどこにあるのかをいち早く認識できるようにロケーション管理を導入したり、棚番号を見やすく表示したり、スピードと正確性を重視したデジタルピッキングを導入したり、バーコード検品を導入したり、いろいろ工夫されているのです。

■検品作業

検品は、ピッキングされた商品が正しい物かどうかをチェックする作業です。目視検品をする場合は、十分な商品知識がないとチェックが甘くなってしまい、誤出荷の原因の1つになります。

■梱包作業

検品作業が終わった商品を出荷する前に、運送上において損傷させないように段ボールにすき間なく詰める、機械であれば、木枠でがっちりと覆うなどの作業を梱包と言います。また、運送会社に行先を示すための送り状を貼り付けたり、配送先での入荷検品がスムーズに進むように、納品書を差し込んだりします。

出庫から出荷までの流れ

出庫 受注ごとに保管場所からモノを取り出す

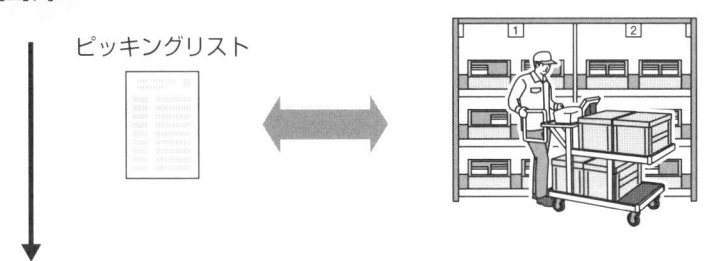

ピッキングリスト

検品 商品が間違いなく集品・加工されているかを確認する

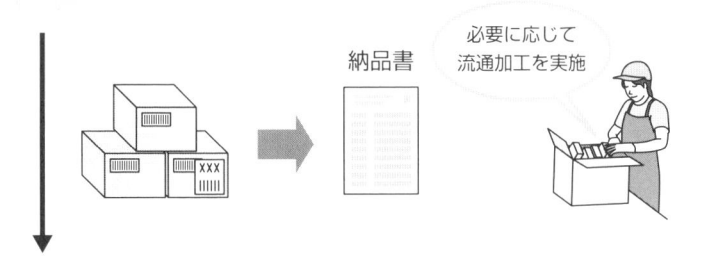

納品書

必要に応じて流通加工を実施

梱包 検品の終わったばら商品を、輸配送のために梱包する

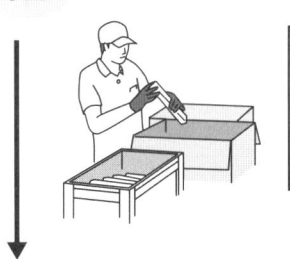

- 商品が破損しないように詰める
- 納品書との照合がしやすい詰め方にする
- 納品先の品出しなどの作業性を考える
- 通い容器（通い箱）を使用し廃棄物の発生を抑える

出荷

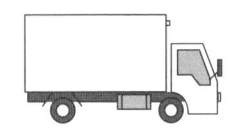

運送業者は、送り状・納品書と現物を確認し、配送の逆順に配送車に積み込み出荷する。

6.5 荷役と安全教育

物流現場では、重大事故が起こりやすく、つねに危険と隣り合わせです。安全教育や安全対策を施すことが、事故を防ぐポイントです。

■ハインリッヒの法則

自動車運転教育で必ず学ぶものに"ハインリッヒの法則"があります。物流現場でも同じようにこれを学ぶ必要があります。

ハインリッヒの法則とは、1つの重大な事故が発生すると、その背後には29の軽微な事故や怪我が発生しており、さらにその背後には300ものヒヤリハットが存在する、というものです。

ヒヤリハットとは、事故には至らずにすんだものの、ヒヤリとしたり、ハッとしたりした瞬間のことを言います。

この法則からヒヤリハットをなくしていくことが、重大災害の防止に役立つと考え、ヒヤリハットの報告会や、事故や災害の発生を予測する危険予知活動（KYK）、危険予知トレーニング（KYT）を行なうことが安全対策に有効とされています。

■職場の安全を視覚で注意喚起する

日頃の安全教育において、危険箇所があぶり出されたら、その場所を注意喚起する必要があります。通路と通路の交差点では、"一旦停止"の看板を設置したり、歩行者通路と運搬通路を色やラインで区切ったり、入ってはいけない場所にチェーンを施したりします。

ハインリッヒの法則（1929年 ハインリッヒ）

〈労働災害の発生事例の統計確率から導き出された経験則〉

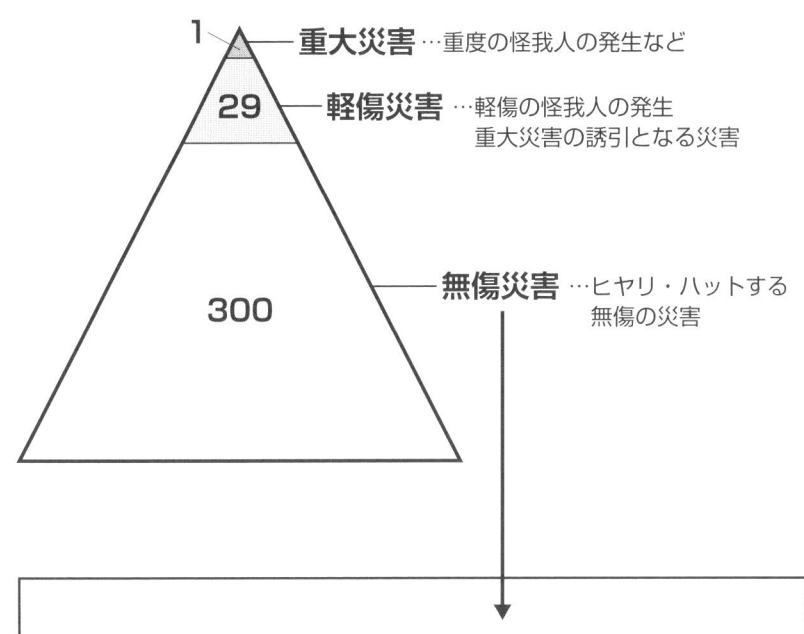

- **1 重大災害** …重度の怪我人の発生など
- **29 軽傷災害** …軽傷の怪我人の発生
  重大災害の誘引となる災害
- **300 無傷災害** …ヒヤリ・ハットする
  無傷の災害

KYT（危険予知トレーニング）

作業者自ら危険を予知し、
的確に行動ができるようになるための訓練

朝礼や終礼などを利用し、イラストや映像を活用したミーティングを通し、現場作業の危険な場所や行動を見つけ、みんなで解決策を考えていく。

第6章　倉庫・物流センターの重要な役割

6.6 保管の目的

保管とは、モノを一定の場所で、品質、数量など適正な管理の下で、ある期間貯蔵することを言います。

■ **在庫はもっておけばよいというものではない**

ジャストインタイム（欲しいものを欲しいときに欲しいだけ供給する仕組み）に対応するための顧客サービスの提供が、保管における第一の目的です。

需要に対し、商品を即座に供給するためには在庫が必要です。しかし、ただ単に在庫をもっておくだけでは、このジャストインタイムを維持するはできません。多品種少量の出荷にシフトした現代では、限られた倉庫スペースに、より多くの品種をとりそろえておかなければならず、1品種あたりの保管数に限りがあるからです。

また、受注が来たら加工も含め、速やかに出荷しなければなりません。倉庫内のリードタイムをいかに短縮するかということもテーマになります。リードタイムの短縮には、倉庫ロケーションの整備や適切な通路幅、適切な作業スペースの確保も必要となります。

よって、保管効率を念頭に置きながら、多く在庫しないよう、また欠品が発生しないように在庫量を適正に調整する必要があります。

保管効率を上げるための様々な保管機器

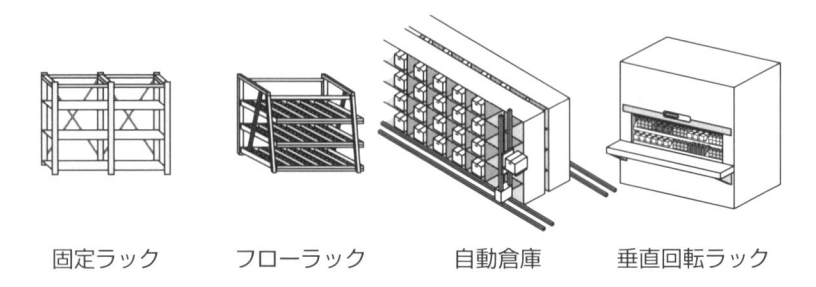

固定ラック　　フローラック　　自動倉庫　　垂直回転ラック

6.7 ロケーション管理とは

倉庫内をエリアで分け、保管棚に番地（ロケーション番号）をつけることで、保管商品とその番号をひも付けて管理することです。

■ ロケーションの管理

　棚番管理とも言い、商品の保管されている棚に番地を付けることで、商品を探しやすくすることをロケーション管理と言います。これによって、営業担当や荷主から実在庫を調べるように要請があったとき、どの棚の、どの場所（下から何番目、右から何番目など）にどんな商品がいくつ保管されているかを速やかに見つけられます。

　この際、ロケーション番号の付け方しだいで、「商品を探す」という作業の効率は変わってきます。ロケーションが設定されていない場合とされている場合とでは、探すスピードに大きな差が出ます。ただし、多品種を取り扱う倉庫では、ロケーションは情報システムで管理しないと意味がありません。

　ロケーション管理には、固定ロケーションとフリーロケーションという2つの方法があります。

　固定ロケーションとは、ある決められた番地に決められた商品を保管する方法です。アイテム対番地が1対1の状態を言います（延長在庫として1対2、ストックヤードがあれば、1対3以上になる場合も稀にある）。在庫を調べるのに、1つまたは2つ程度の番地に立ちよれば、保管されている商品を見つけられます。

　フリーロケーションの場合、空いている棚に、在庫を入れる方法で、システム化された在庫管理が条件となります。複数のロケーションから同一商品が見つかるので、商品を探すのに、固定ロケーションよりも時間を要します。本などの小物を保管する軽量ラックでの管理に適しており、保管スペースを効率的、有効的に利用するのに最善の方法です。

棚に適正なロケーション番号を設定する

```
標準…○○丁目○○番地で表示

場所  保管 列 奥行 段 番地
2F    A1-01-01-03-04
```

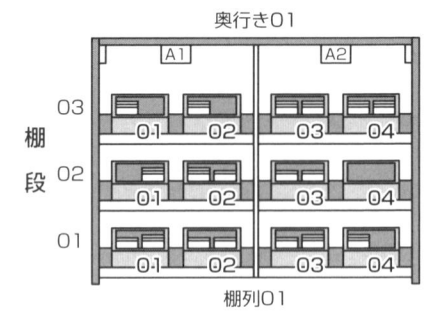

奥行き01

棚段 03 / 02 / 01
棚列01
A1: 01, 02 A2: 03, 04

ダブルトランザクションによる効率的な在庫の配置（保管の仕組み）

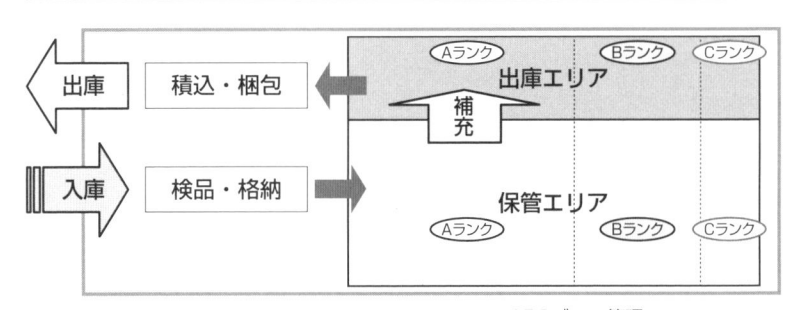

出庫 ← 積込・梱包 ← 出庫エリア（Aランク／Bランク／Cランク）
　　　　　　　　　　　　↑補充
入庫 → 検品・格納 → 保管エリア（Aランク／Bランク／Cランク）

ABCゾーン管理

【トランザクション】関連する複数の処理を一つの処理単位としてまとめたもの

出荷頻度分析で使用するパレード図

一定期間のピック件数や出荷行数を一覧にまとめる
　↓
件数や行数が多い順にソートする
　↓
よく売れる出荷頻度の高い商品を、最もピックアップしやすい場所に配置する！

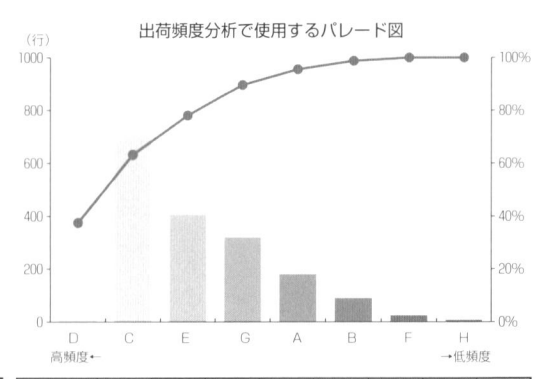

商品名	D	C	E	G	A	B	F	H
出荷行数	990	700	400	320	180	90	30	10
累積行数	990	1690	2090	2410	2590	2680	2710	2720
累積比率	36.4%	62.1%	76.8%	88.6%	95.2%	98.5%	99.6%	100.0%

■ロケーション管理の必要性

　効率的に保管するには、ロケーション管理が必要です。私たちの住所に郵便物や宅配物が届くのと同じように、倉庫にも区割りして番地を付けることで、出荷すべき商品を速やかに見つけられます。直置きは一戸建て、ラックはマンションのようなものです。

■ロケーションを決める前に

　まずは、どの棚にどの商品をどれだけ保管するかを決めることから始めます。情報システム上においては、商品（アイテム）の追加・削除ができるようにしておきます。商品登録は随時行なえるようにしておけばよいですが、廃番（商品カット）ルールの厳密な取り決めとして、例えば1年以上在庫がない、半年以上在庫がない品番は、抹消するのかどうかをあらかじめ考えておくことが大切です。

■保管方法と棚割り

　商品特性に応じて、カテゴリー別形状や出荷頻度、仕入先別、流速別などを検討し、棚の最適な配置（レイアウト）を考えなければなりません。

　商品特性や維持すべき在庫量に応じて棚間口の大きさを決定したり、出荷頻度の高い商品を出入口に近い棚へ割付（パレート図によるABC分析）したり、広い倉庫スペースがある場合、ダブルトランザクション方式（ストック在庫と出荷在庫の区別）にしたりします。

■出荷頻度（在庫量）の監視

　棚間口の使用効率を高めるためには、時間とともに商品の増減にあわせて商品の位置（ロケーション）、棚間口を変更するようにします。

6.8 在庫管理とは

在庫の管理は資産の管理。棚卸時のマイナス差異の発生は、資産がなくなるということと同じです。

■在庫数の管理

在庫管理はおもに数量管理とロケーション管理の2つを言います。

在庫とは、所有者の資産（お金）です。お金を預かっているのと同じなのです。よって、在庫管理とは、所有者に代わって資産を管理することなのです。在庫管理によって所有者から保管料をもらっているのです。

在庫差異とは、帳簿上で管理されている在庫数と倉庫に保管されている実在庫数が一致しない状態を言います。とくに実在庫数のほうが少なかった場合、所有者の資産をなくしてしまったことになります。そのため、在庫管理は物流にとって重要な管理なのです。

在庫はよく回転していれば、所有者（物流業務を委託した企業）のキャッシュフロー（現金の流れ）がよいとされます。また、倉庫現場にとっても作業スペースの確保ができ、効率のよい作業ができるのです。アウトソーシング（委託）先（物流を委託された企業）の企業にとっても収益が上がる（作業料収入が増える）ことになるので、在庫回転数や在庫回転日数を物流でも在庫管理の指標とします。

■在庫量を減らす管理法

販売の機会損失を避けたり欠品を防止したりするために、在庫を多めに保管することは、当然だと思うかもしれません。しかし、在庫もコストであることを考えれば、過剰な在庫をもつことはダメです。

そうならないためには、商品ごとの安全在庫数の設定が必要となります。安全在庫数とは、仕入れにおける入荷時点において、過去の出荷数量から何日分の在庫をもっていればよいのかを推定し、算出する方法で

在庫の有無による比較

	メリット	デメリット
在庫がある	・お客様にすぐにお届けができる ・価格変動にある程度耐えることができる	・保管費用が発生する ・維持費用が発生する
在庫がない	・保管費用が不要 ・維持費用が不要	・取り寄せが必要 ・価格改定が頻繁に起こる

す。発注時点から、商品が入荷されるまでのリードタイムを割り出し、逆算して発注日と発注数量を決める方法で、在庫を極力減らしていくことができます。

また、半年から1年以上保管されている不動在庫で、とくに流行性のある商品であれば、思い切って処分したほうがよいケースもあります。

例えば日用雑貨品を取り扱う、ある商社での指導では、過剰に在庫を抱えていた物流センターを効率化するために、不動在庫を処分しました。そして外部倉庫で保管していた回転のよい商品を物流センターに移動させたところ、出荷時間も短縮し、また、人件費を大幅に削減することができました。外部倉庫では、保管スペースの縮小によって、保管料の削減に貢献できたのです。

在庫をもたない卸売や小売企業が増えてきた背景には、低価格商品の開発、販売という戦略における物流コストを重要視し、削減していくことができるようになったことが理由としてあげられます。

在庫を減らすには、物流部門だけで取り組んでも成し遂げられません。在庫削減プロジェクトを立ち上げ、全社協力のもと、横断的なコミュニケーションが必要です。

■**在庫精度の管理法**

在庫精度は、定期的に行なう全数棚卸時の数量差異が多いか少ないかの数値と、毎日の欠品率で管理することができます。在庫差異で在庫精

度を管理するには、棚卸をするしかありませんので、重労働になります。一方、欠品率で把握することは、いたって容易ですので、こちらの方法をお勧めしています。算出法は以下の通りです。

$$欠品率(\%) = \frac{当日欠品行数}{当日受注行数} \times 100$$

欠品率が下がったら、在庫精度が上がったということになります。

注意点は、データを取り始める前に日々の出荷行数をシステムで算出できるようにしておくことです。ある日の受注行数が2000行、欠品が5行であれば、5÷2000＝0.25％になります。ミス率はppmを使用する企業が増えてきましたが、欠品率は分母が小さいため、ppmを使用すると、この例題では2500ppmとなり、ミス率と比較すると大きな数字に見えてしまいます。

■在庫精度を上げる方法

さて、在庫精度を上げる方法をいくつか紹介します。

まず、入荷検品で在庫精度を上げる方法があります。始めよければ終わりよしという言葉があるように、何事も最初が肝心です。商品の入荷時点において入荷検品を確実に行なうようにします。

方法としては、①仕入先から入荷情報をもらうことで入荷予定日の段取りができる、②情報によって、スピーディに検品できることがあげられます。

検品は最も重要で、入荷予定表で類似商品を事前にチェックします。JANコードがあれば、有効利用しましょう。入荷時に、オリジナルバーコードを貼り付ける際は、対応する商品に確実に貼り付けましょう。外装検品で済ますのか、内装や個装まで検品するのかどうかで、在庫精度は変わります。

最後に、入荷商品を正しい棚に格納することです。棚番と商品コードをしっかりとひも付けし、できるだけ同類商品は隣同士に保管しないなど、出荷時のミスを予防する対応も必要です。

全品を検品できない現場も多くあります。その場合、欠品率の高い商品を納入してくる仕入先をリストアップし、抜き打ち検品してください。仕入先によっては、誤納品が常態化しているケースも多く見受けられます。

■思い込みによる在庫差異を減らす工夫

在庫差異の最も大きな要因は、出荷時のピッキングミスや検品チェック漏れによるものです。ミスが起こる原因の多くは、ハンディ端末を使用していない現場の場合、作業員の思い込みや目で行なう検品によるものです。

この思い込みを防止するためには、商品と商品名をOJTで再度確認することや、間違いやすいアイテムの柵に注意書きを貼り付ける他、指さし呼称、照明が届かないロケーションには、照明器具を取り付けるなど、ありとあらゆる対策をとります。それでも一向に減らない場合は、機械による検品システムを導入することを検討しましょう。

他にもピッキング時は欠品だったが、よくよく探したところ、他のロケーションから商品が出てきた、不動在庫置き場の一番奥から出てきた、ということもあります。全フロアを細かくエリア分けし、番地を振っておくことも必要です。補充タイミングや、柵に入りきらない場合どうするかなど、保管する時のルール決めはきわめて重要になります。

6.9 在庫と物流コストの関係

在庫は、賃料がムダになるだけではなく、他の作業効率を低下させ、製品そのものの価値を下げてしまうのです。

■在庫は物流コストに大きく影響する

　企業は、製造や販売に必要な原料（材料）を調達するために、資金を投入します。その調達した原料を保管するために、さらに資金と人を投入します。仕掛品（製造途中にある商品）を保管するために、移動費用や保管費を投入します。そして完成した製品（商品）を在庫するために、また新たに移動費や保管費を投入します。そして製品を販売するために配送費を支払います。また、売掛金を回収、収受することで、新たなキャッシュフローが生み出されます。

　こうして、現金→在庫→現金になることを「在庫が回転する」と言います。新たな資金は次の調達～保管～販売～売掛金～現金を生み出します。こうして見てみると、在庫はまさに現金と同じなのです。

　在庫が順調に売れるかどうかは企業経営における重要な課題です。また、売れ残った在庫が多くなると、在庫を販売するために価格を下げます。すると、予定していた売掛金の回収額が少なくなり、次への資金投入ができなくなります。

　さらに、在庫を長期間保有するということは、保管コストが余計にかかる他、製品の陳腐化や破損リスクをともない、キャッシュフロー（資金循環）が悪くなります。次の投資のために借金を増やしていくと、いずれ企業は破綻します。

　余談ですが、コストに敏感な物流業者の中には、倉庫内の商品が急に動かなくなってきた＝出荷に対する売上が低くなってきた、と感じたら、荷主への信用調査をし始める会社もあります。

在庫とコストの関係

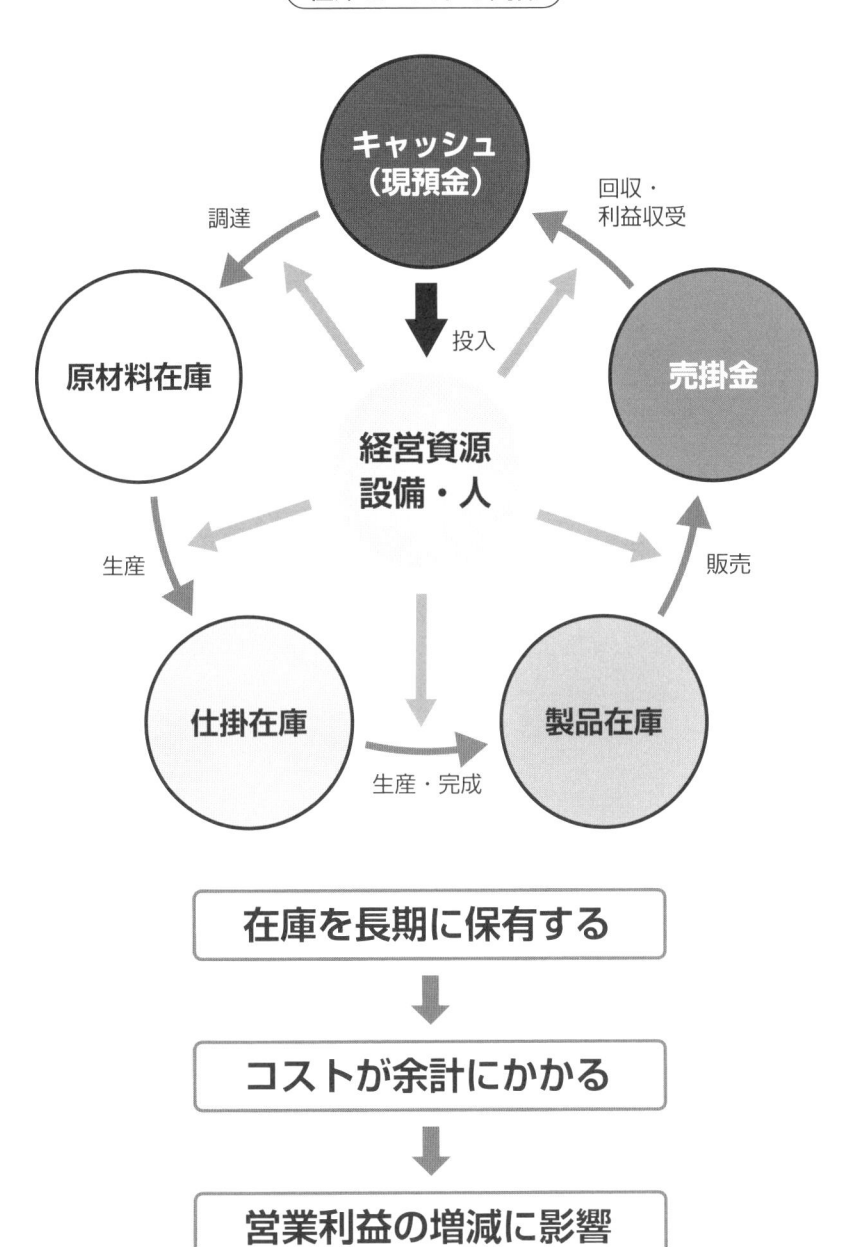

- キャッシュ（現預金）
  - 調達 → 原材料在庫
  - 投入 → 経営資源 設備・人
  - 回収・利益収受 ← 売掛金
- 原材料在庫 → 生産 → 仕掛在庫
- 仕掛在庫 → 生産・完成 → 製品在庫
- 製品在庫 → 販売 → 売掛金

在庫を長期に保有する
↓
コストが余計にかかる
↓
営業利益の増減に影響

第6章 倉庫・物流センターの重要な役割

6.10 棚卸とは

棚卸は企業の資産勘定の1つで、在庫資産を勘定するために行ないます。通常決算期に行ないますが、現場レベルで定期的に管理することが重要です。

■棚卸の必要性

製造業では原材料、部品、仕掛品（半製品）、製品などの在庫数を現場で数えることや、卸売業や小売業では、仕入れた商品の残数（在庫数）を数えることを「実地棚卸」と言います。物流業では、お客様から預かっている製品や商品の在庫数を数えることを言います。

実地棚卸をする目的は、欠品を防ぐために補充する原料や商品をチェックするため、不良品在庫を見つけるため、不動在庫を確認するため、実在庫と帳簿上の在庫数を確認するため、そして、棚卸資産を勘定し決算資料に使用するためです。棚卸資産の増減は、企業の利益に大きく影響しますので、日頃から数をチェックしておくことが大切なのです。

■棚卸の種類

棚卸には、主に6つの方法があります。

①一斉棚卸

対象となる資材や原料、製品や商品について、倉庫または物流センターの全域において一斉に行なう方法で、本決算の棚卸や中間決算に行なう企業の棚卸を指します。この棚卸で、荷主企業の在庫資産が確定しますので、帳簿上の在庫との狂いがないように、以下の棚卸と合わせて日頃から在庫管理をきっちりと行なう必要があります。

②定期棚卸

年2回、月1回など、在庫を管理している部署が主体となって定期的

在庫の評価方法

在庫金額 ＝ 単価 × 数量

在庫の評価方法

- 個別法…商品を1つずつ単価を計算
- 移動平均法…入庫のたびに単価を計算
- 総平均法…期中の仕入高の平均で単価を計算
- 先入先出法…古いモノから出庫するとして単価を計算
- 標準単価法…あらかじめ望ましい単価を決定しておく

在庫不一致の原因例

- 棚卸し作業ミス
- 入荷検品ミス 伝票の記帳ミス
- センター内破損、紛失、盗難
- 誤入荷・誤出荷 商品の誤移動

↓

業務の見直し、マニュアルの整備を徹底し、ロケーション管理を正確に行なう

に行なう方法です。棚卸サイクルが短ければ短いほど、在庫の差異の原因を見つけ出す確率が上がります。

③常時棚卸

　入出庫品などを対象に毎日行なう方法です。入庫品のチェックは、在庫入力にミスがないかどうかをチェックします。ここで入力ミスをしてしまうと、何か月にもわたって在庫差異が発生したままになってしまいます。とくに数の入力でも桁数のチェックや品番入力のチェックをしましょう。

　出庫品については、ピッキング時の商品そのものや数量の取り違えによる誤発送を即日つかむのに有効です。

④循環棚卸

　保管場所を一定量、ロケーションエリアで区切り、1週間、または1か月かけて全保管品を順番に棚卸する方法です。毎日少しずつ在庫チェックをするので、一斉棚卸のときに、大きな差異を出すことが避けられます。

⑤重点棚卸

　重点商品を選んで週1回などの頻度で棚卸を行なう方法です。間違いやすい商品や、照度の低い（暗い）場所にある商品を選定します。

⑥不定期棚卸

　誤入庫、誤出庫など、不具合があった場合に行なう方法です。お客様からのクレームが入った後に行なう棚卸ですので、やること自体は必要ですが、クレームが入る前に差異の発見が可能な常時棚卸を行なうことをお勧めします。

6.11 流通加工とは

出荷の状態が入荷の状態と異なる場合には加工が必要になります。「商品に対する付加価値を高める作業」を言います。

■付加価値を追求する

製品を包装する、部品を組み立てるなど、消費者の利便性にあわせて物の形を成形、加工（荷姿転換）することが必要です。この加工や組み立てを倉庫や物流センターなどで行なう作業を、流通加工と言います。

流通加工は物流6大機能の1つであり、必要不可欠な作業となっています。

■様々な流通加工

流通加工と言えば、アパレル業界ではタグに値札を付ける、採寸することが代表的な作業ですが、食品業界においても、食肉や野菜を消費者が食べやすい大きさ、調理しやすい大きさに加工する、味付けするなどがあげられます。また、輸入食品に日本語表示のラベルを貼ることや、パソコンのセットアップ作業もあります。その他、自転車のパーツを入荷し、組み立てて、ブレーキ調整や空気を入れて出荷することや、福袋や贈答品のセット組み作業、ダイレクトメールへのサンプル封入作業などでもあります。

■物流事業者も積極的に算入

このような流通加工は、おもに小売業者や小売業の下請け企業が行なっていたりしていましたが、今では、物流各社が積極的にこの作業を請け負うサービスが増えています。

例えば、滋賀県にある甲西陸運では、蛍光灯メーカーから直接、組立作業を請け負うだけでなく、蛍光灯のカバー成形から資材の調達まで工

様々な流通加工

- パソコンのセットアップ加工
- 食品加工 
- アパレル流通加工 
- 切花の加工 
- 値札付け加工 
- 輸入雑貨ラベル貼り加工 

●出荷の荷姿が入荷の荷姿と異なる場合には、入荷から出荷への荷姿転換が必要

↓

●許容されたリードタイムの中で在庫の適正配置、短時間に効率的に納品できる出庫〜納品の仕組みが必要になる

↓

★入荷元と出荷先は同一ではないため、荷姿の効率的な組み替え機能が必要になる

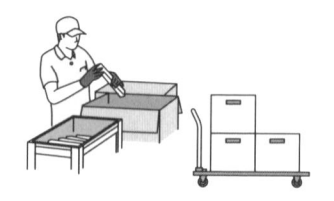

場に代わって行なっています。

　これによってメーカーの工場から物流センターまでの横持運送費（売上に直結しない運賃）が削減されるだけでなく、メーカー自体で工場や倉庫をもつ必要がなくなり、大きな物流コスト削減となったのです。さらに、甲西物流では、メーカーとの出荷（受注）情報の共有により、JIT（ジャストインタイム）の実現に向けた在庫をもたない物流に取り組んでいます。

■流通加工で大事なこと

　流通加工を物流業者が請け負うときは、QCD（品質・コスト・納期）を意識する必要があります。加工の依頼主の要求品質に応えられる場所や資材、環境を整える必要や、出荷リードタイムに間に合わせられるよう、計画的に加工作業に取り掛からなければなりません。また、コスト面も依頼主側でかかっていたコストよりも低い価格で作業しなければ、請け負う意味がなくなりますので、こちらにおいても対応できる環境づくりが必要不可欠となってきます。

Column 6

「グッドマンの法則」とは？

　かつて多くの企業では、お客様から寄せられるクレームへの対応は、利益拡大には貢献せず、単なるコスト負荷につながるものでしかないと考えられてきました。

　これに対し、アメリカのジョン・グッドマンという人物は、そうした考え方を根本から覆してしまうような法則を発見しました。グッドマン氏の調査によると、顧客とクレームとの関係は次のような傾向にあることが見えてきました。

①顧客の中には
　「商品やサービスに不満をもつ人が必ず存在する」
②不満をもった顧客の中にも
　「クレームを言う人と言わない人が存在する」
③クレームを言った顧客でも
　「企業のクレーム対応が迅速かつ満足のいくものであれば、それがリピートにつながる要因となる」
④リピート顧客になる確率は……
　「クレームを言う人のほうが言わない人より9倍も多い」

　以上のような調査からグッドマン氏が見出した法則として、クレーム対応の有効性があげられます。

　とくに「迅速かつ満足のいくクレーム対応をすることが、リピート率の格段の向上につながる」という捉え方は、企業の収益に大きな違いを生むものという法則を打ち出しました。

　それはすなわち、新規顧客の獲得に必要なコストは、リピート顧客を獲得するためのコストに比べ格段に高くなるということです。つまり、クレーム対応をしっかりしてリピート顧客を維持することが、結果として企業の販売コストを下げ、利益拡大に貢献するということが明らかとなったのです。

第7章

物流の効率化に必要な情報システム

7.1 物流には物流に特化した情報システムが必要

多様化する物流サービスを取り込むためには、販売管理システムでは対応しきれなくなりました。それをカバーするのがWMSです。

■ 倉庫の管理にはWMSが主流となってきた

物流の情報システムは、これまで会社の基幹システムや販売管理システムを自社に適した形にカスタマイズして利用されてきました。

販売管理システムは、流通の"商"の部分、いわゆる商品やサービスの販売に関する情報システムで、受注から商品の出荷、納品、代金の回収までの業務や情報を管理するものです。在庫情報も含まれています。何を、いつ、どの会社に、どのくらい、いくらで販売したのか、そして代金の回収がいつできるのか、さらに仕入れた商品の代金をいつ支払うのかなど、商品の販売に関する情報を管理するシステムです。

一方、WMS（Warehouse Management System）は、倉庫管理システムと言い、在庫管理をはじめ、入荷から出荷に至るまでの作業指示機能をもちます。さらに、物流サービスで付加価値を提供するために、様々な機能が付加されてきました。

例えば在庫情報と連動させ、自動発注システムを取り込んだり、先入れ先出し、ロット管理ができる仕組みを取り込んだり、工場や仕入れ先とのインターフェースによって入荷予定情報を取り込んだり、在庫回転日数や回転率を知るために在庫分析機能を取り込んだりと、"物"の流れを把握することや作業生産性を高めることを目的としています。

■ なぜ、WMSが求められるようになったのか

これまで販売管理システムで入荷～在庫～出荷の流れが管理されてきました。しかし、あまりにもシンプルな機能しかなかったため、物流サービスの多様化に対応しきれなくなり、ロケーション管理や日付管理、

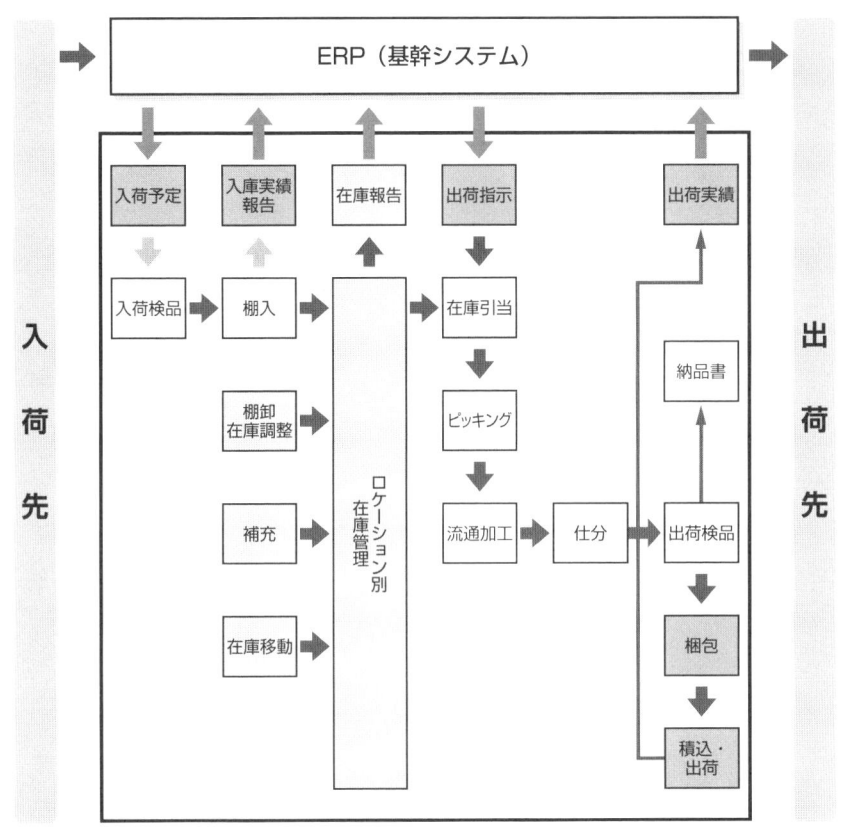

物流情報処理に特化した倉庫管理システム（WMS）

```
                    ERP（基幹システム）

入荷先                                                              出荷先

  入荷予定  入庫実績  在庫報告   出荷指示              出荷実績
            報告

  入荷検品 → 棚入 →                → 在庫引当
                    ロ                  ↓           納品書
            棚卸    ケ                ピッキング       ↑
            在庫調整 ー                  ↓
                    シ                流通加工 → 仕分 → 出荷検品
            補充    ョ                                    ↓
                    ン                                   梱包
                    別                                    ↓
            在庫移動 在                                  積込・
                    庫                                   出荷
                    管
                    理
```

WMS（倉庫管理システム）

　作業管理などは、システムをカスタマイズしながら機能を増築してきました。そのため、販売管理システムにかかる負荷が徐々に大きくなり、システムの処理スピードが遅くなったり、正常だった処理機能に不具合が生じたり、また、プログラム全体をテコ入れしたりしたので、カスタマイズ費用の負担も大きくなってきました。

　そこで、商物分離を情報システムにも生かそうと開発されたのがWMSなのです。WMSに物流情報処理を特化させることで、販売管理システムの処理負担の軽減を図ることができます。

7.2 情報システムで作業パフォーマンスを最大にする

作業パフォーマンスを最大にするために、物流現場を数値で管理します。数値の達成に向けた現場の意識改革を実現できます。

■多頻度小口化ニーズに対応

多頻度小口化ニーズへの対応や在庫管理の精度向上などの課題に対して、物流体制を再構築する必要性は感じているものの、人員不足もあり、自社内だけでは改善が進まないという会社は意外に多いものです。また、現場レベルでは、現在の運用方法がベストなのか、よりよい運用方法はないのかと模索しているものの、思うように成果が出せないという状況も多いと感じます。

出荷（発注）の多頻度小口化は、ユーザー（最終消費者）がこれまでのまとめ購入から必要最小限の購入にシフトして、ユーザー側で在庫をもたない方針や、売れ残りをなくす取り組みを行なっているために、発注をこまめにするようになったことで進んでいる現象です。そのため、1ユーザーに対しこれまでは月に数回のピッキングで済んだものが、月に十数回のピッキングが必要になりました。よって、1日あたりの出荷（受注）件数が多くなり、ピッキングの回数が増えることで、人員が多く必要になったのです。

情報システムを導入することによって、在庫状況や入出庫状況の数値を把握できるので、人員配置計画や、出荷頻度別商品配置、適正在庫管理を最適化するための分析データ作成もできるようになります。

■在庫分析機能

在庫分析機能を使えば、適正在庫、安全在庫、余剰在庫や欠品の恐れがある商品など、在庫に関する様々な指標が確認できます。例えば、商品をカテゴリー別、ABCランク別、任意のグループ別に分類できます。

ABC分析で在庫を管理する

一定期間のピック件数や出荷行数を一覧にまとめる

↓

件数や行数が多い順にソートする

↓

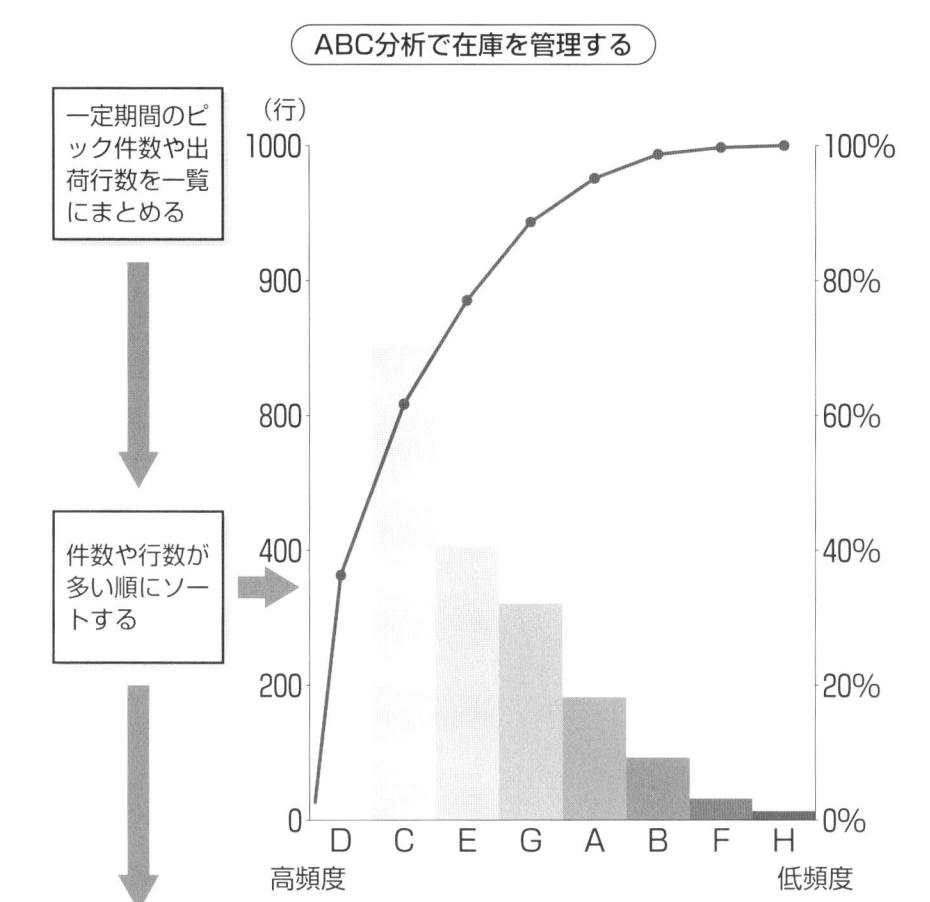

（グラフ：横軸 D C E G A B F H、高頻度→低頻度）

商品名	D	C	E	G	A	B	F	H
出荷行数	990	700	400	320	180	90	30	10
累積行数	990	1690	2090	2410	2590	2680	2710	2720
累積比率	36.4%	62.1%	76.8%	88.6%	95.2%	98.5%	99.6%	100.0%

出荷頻度の高い商品（よく売れる商品）を、最もピックしやすい場所に置く

第7章 物流の効率化に必要な情報システム

143

過去の出荷実績をもとに算出した在庫指標を用いて、商品配置ロケーションを定期的にメンテナンスできます。具体的には、出荷頻度の高い商品は作業場の近くに配置することや、新商品に関しては1か月分の実績を考慮して配置を決めるという具合です。このように荷物の動きを数値的に把握し、物流センターの運営に反映させられるのです。

　また、在庫量の多い商品に関しては、在庫日数からピッキングゾーンに1週間分相当の在庫を配置し、それ以上の在庫をストックゾーンに配置することで、ピッキング時の歩行距離を短くする工夫ができます。このピッキングゾーンとストックゾーンを分けるときのポイントは、ピッキングゾーンへ在庫補充するタイミングをどのくらいの周期で行なうのが妥当かを検討することです。注文量の変動がわかる指標を用いて、ピッキングゾーンの在庫日数を決めて、補充の手間を軽減します。

　荷動きの悪い商品に関しては、在庫処分のルールを決め、デッドストックをレポート出力し、ルールに則って処分を決定することで、迅速な処置を行なえるようになります。

　販売照会では、日々の売上や月間売上を物流部門で把握できるようになります。確定版ではなくとも、近似値で十分効果的です。スタッフの意識改革が重要であり、物流活動が売上に直結したものであるとの認識をもつことが大事です。

■導入効果

　ある会社では、WMS導入から1年後に効果を測定したところ、約1か月で出荷作業時間を2割強短縮し、物流センターの出荷可能数量が向上していました。これは、従来型のピッキング方法に比べ、ピッキング回数が54%軽減されたことが大きな要因でした。また、誤出荷率は10万分の1前後を推移しており、出荷精度が飛躍的に向上しました。これは、作業工程を見直したことで、送り状の貼り間違えとピッキングミスによる商品間違いが大いに改善されたためです。

　また、在庫分析機能を活用し、社内ミーティングで在庫検討してきたことで、在庫回転率が1.4倍に向上し、欠品が大幅に低下しました。

7.3 誤出荷率を低減する出荷検品システム

出荷ミス低減や作業のスピード化の他、在庫管理に貢献する情報システムツールの1つ。

■通販会社の物流部門で大活躍

　誤出荷対策で最も一般的な方法は、バーコードを使った出荷検品です。この方法で運営すると、誤出荷率は0.1％を切ることができると言われます。

　ある有名アウトドア通販会社は、出荷ボリュームが毎月前年対比で格段に増えたために、出荷作業が追いつかず、また、誤出荷が多く、お客様からお叱りを受け、イメージダウンを引き起こしていました。誤出荷に加えて、最大出荷個数の上限に頭を悩ませていたこの企業が、バーコード出荷検品システムを導入し、出荷作業の効率化と最大出荷個数の増大という2つの課題を解決した事例を紹介します。

　アウトドア商品は、メーカーによりバーコードがついているものとついていないものがあります。釣り針のような小さな商品もあれば、カヌーのような大きな商品もあります。この通販会社は品揃えの豊富さを売りに急成長したことで知られる会社です。20万アイテムを誇り、業界でもカテゴリーキラーとして、確固たる地位を築きました。

〈導入効果〉

　誤出荷率0.1％という数値は、きちんとセンター運営している会社からすると当たり前の数値ですが、うまくセンター運営されていない会社にとっては、「誤出荷率0.1％を切るために、ぜひともバーコード検品をしたい」と思うことでしょう。

　この会社もハンディターミナルの導入や検品方法の変更など、様々な試行錯誤を繰り返した後に、バーコード出荷検品システムを入れるとい

バーコード検品

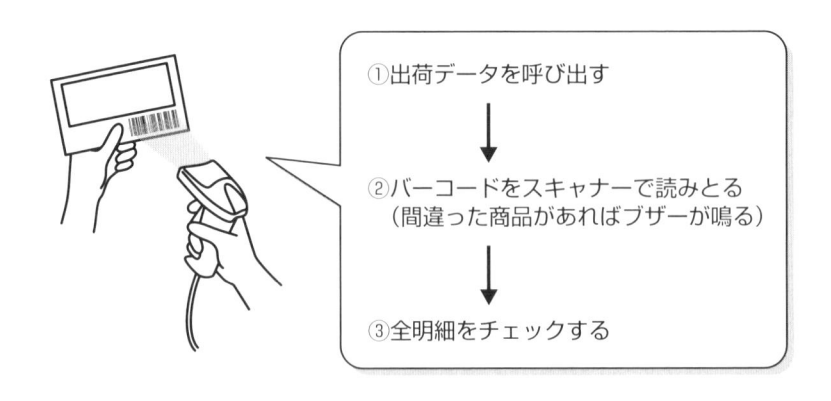

① 出荷データを呼び出す

② バーコードをスキャナーで読みとる
（間違った商品があればブザーが鳴る）

③ 全明細をチェックする

う結論にたどりつきました。

　出荷検品方法を手動で行なっている場合は、検品方法を変えると、慣れるまでは作業時間が増え、前出の最大出荷個数についての悩みが増えることになります。そこで、出荷検品システムを導入することで、作業性を向上させる（作業時間を短縮する）ことも、同時に実現できると判断したのです。

　そのバーコード出荷検品システムは、今後の業務改善も視野に入れ、ゼロから開発しました。出荷検品の前後工程の効率化を図る際に、パッケージソフトを使用していると、仕様と合わない特殊ケースの場合、あとで問題が発生してしまうためです。

　出荷検品システムを導入した結果、様々な成果が得られました。
①出荷作業時間を１割短縮
②誤出荷率0.001％を実現
③物流コストの低減
④検品業務の非熟練化
というものです。

　このアウトドア通販企業によれば、「目視検品と比べて、正確性はもちろん、検品時間が大幅に短縮されました。検品者の作業負担も大幅に軽減されるなど、導入メリットは高いです。また、作業工程も大幅に削

減されたので、当センターの出荷可能数量が大幅に向上しました」とのことでした。

その後、ピッキング方法の見直し、納品書の仕様変更など、出荷業務全般の改善を実施し、さらなるサービスレベル向上を図っています。

〈出荷検品システム〉

バーコード検品とは、バーコードを使用し、デジタルデータを機器に判定させることで検品するものです。人が目視して商品の正否を判定するよりも正確に検品することができます。

出荷の際に、商品についているバーコードをリーダーで読んで、出荷依頼データとあっているかをコンピュータ上で確認するという手順が標準的です。標準的なステップは以下の通りです。

①**出荷依頼番号で、データを呼び出す**

ピッキングで利用したピッキングリストや納品書に記載されている出荷依頼番号（または注文番号など）で、出荷依頼情報（注文情報）を呼び出します。

②**出荷商品のバーコードを読む**

出荷依頼情報が読み出されたところで、出荷商品のバーコードを1点1点スキャナーで読みとります（スーパーやコンビニのレジと同じイメージです）。もし、ここで間違った商品があれば、そのタイミングで間違いを知らせるブザーを鳴らします。この際に、バーコードリーダーを手にもったオペレーションをするか、机などに固定化されたバーコードリーダーに商品をかざす方法をとるかは、作業性を左右するポイントになります。

③**完了のバーコードを読み全明細とチェックする**

間違いブザーが鳴らないで、最後まで商品が確認できれば、ここで「完了」のバーコードを読み、この出荷依頼の検品が終了となります。作業がシンプルで効果が高いシステムですので、広く一般に普及しています。

7.4 輸配送系の物流システム

これまでの運転日報入力や請求管理だけの機能から、最近では配車計画や運行計画、最適ルート検索、配送情報確認などの機能を一元化。

■輸配送管理システム（Transportation Management System）

輸配送管理システム（TMS）は、配車管理機能、動態管理機能、配送指示書や日報の自動作成機能、運賃自動計算機能など、トラック輸送に関わる業務を一元化した情報システムです。

配車計画や運行計画などの基本情報を情報システムに入力すれば、モニタの地図上に表示された集荷先から配送先までの最適配送ルートを選択することで、走行距離や時間から、運賃自動計算、日報自動作成までこなします。これにより、これまでは手作業だった運転日報や売上入力業務も簡略化され、配車業務の効率化が図れるようになりました。また、道路地図が頭に入っていて距離感や時間感覚を備えている配車専門家ではなくても、システムの機能がわかれば利用できるので、配車専門家が不在でも業務が回るようになったのです。

以下は、日立物流情報システムが販売しているTMSの概要ですが、コンパクトに機能がまとめられているので紹介します。

自社で倉庫を営業していれば、WMSとのインターフェースによって出荷指示情報から最適なトラックや、その台数が選定できます。また、後述するデジタコ情報を取り込むことで、運転日報の自動入力や自動作成機能により、これまでわずらわしかった運転日報作成作業が解消されます。

まず、配車計画では、ドライバーと車両の割り当てを行ないます。そして配送計画では、荷主から配送先までのルートの割り当てをします。また、点呼時に運送指示書を出力する際には、ドライバーの健康状態や

輸配送管理システム

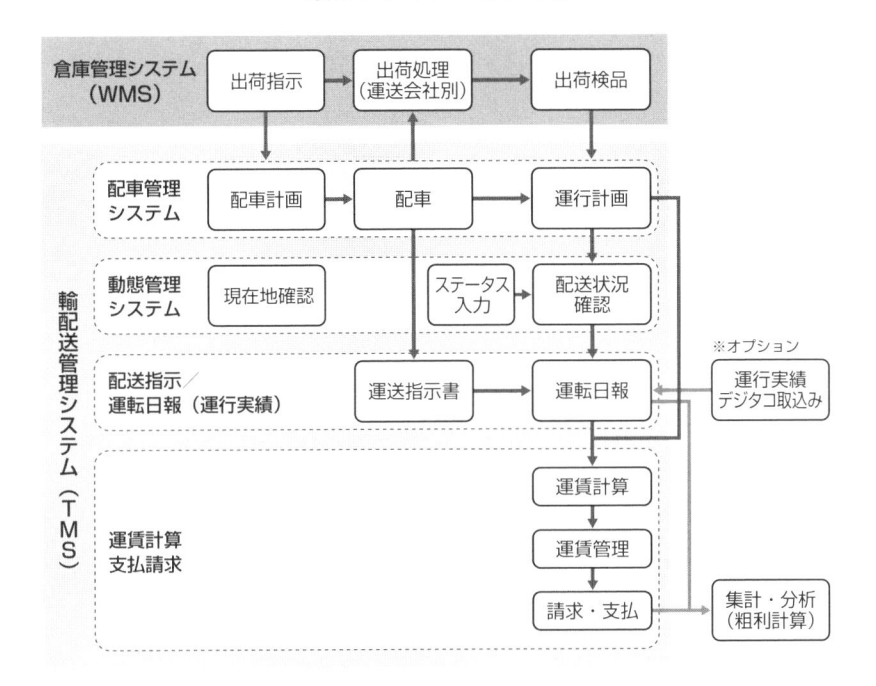

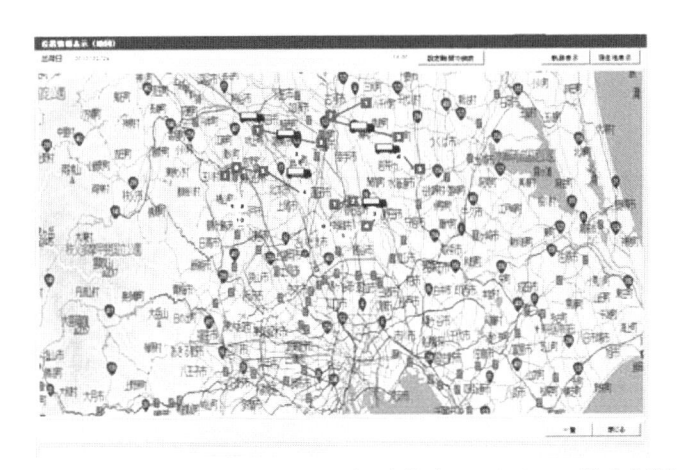

倉庫管理システム（WMS）
- 出荷指示
- 出荷処理（運送会社別）
- 出荷検品

輸配送管理システム（TMS）

配車管理システム
- 配車計画
- 配車
- 運行計画

動態管理システム
- 現在地確認
- ステータス入力
- 配送状況確認

配送指示／運転日報（運行実績）
- 運送指示書
- 運転日報
- 運行実績デジタコ取込み ※オプション

運賃計算 支払請求
- 運賃計算
- 運賃管理
- 請求・支払
- 集計・分析（粗利計算）

配送車両の現在地と走行軌跡表示（日立物流ソフトウェア株式会社）

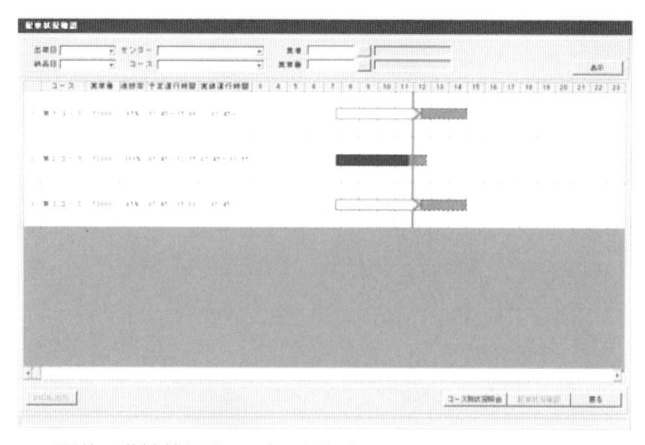

配送の進捗状況表示（日立物流ソフトウェア株式会社）

飲酒の有無、運送指示事項を入力すれば、運転日報にその情報が反映されます。

また、運行計画の確定によって走行区間から運賃の自動計算が可能となり、荷主への請求処理業務も簡素化されます。

このように、これまで煩雑だった紙上の処理やその後の管理が情報システムで一元管理できるようになるので、管理部門にとっても労力が軽減されます。

■デジタルタコグラフ（デジタコ）

トラックの動態管理を記録するタコグラフは、近年大きく変化を遂げました。これまではトラックに乗務する際、チャート紙と呼ばれる運行記録紙に、走行時間とスピード、そして走行距離が記録され、乗務時間やスピードの管理がなされてきました。最近は、動態管理もデジタル化が進み、紙から磁気カードに記録することで、パソコンで動態管理できるようになりました。

デジタコは、これまでの機能に加え、急発進、急ブレーキ時の状況も記録されることで、積載貨物の事故との因果関係も見えてきますし、安全運転評価の機能も備えることができますので、事故の抑制にもつながっています。

アナログ式タコグラフ

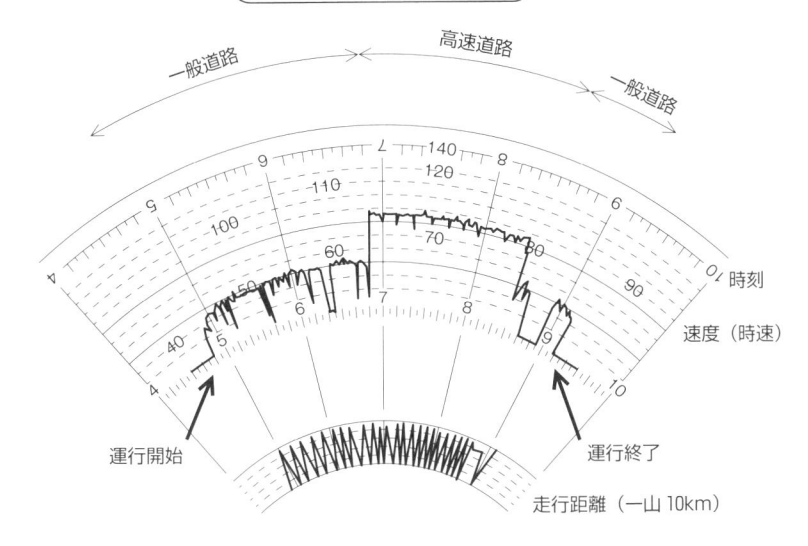

一般道路 — 高速道路 — 一般道路

運行開始 / 運行終了
走行距離（一山 10km）
時刻
速度（時速）

チャート紙による記録

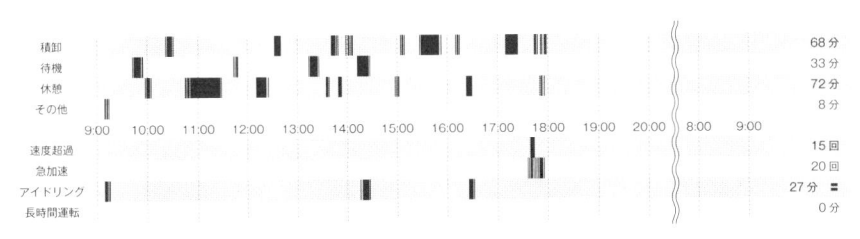

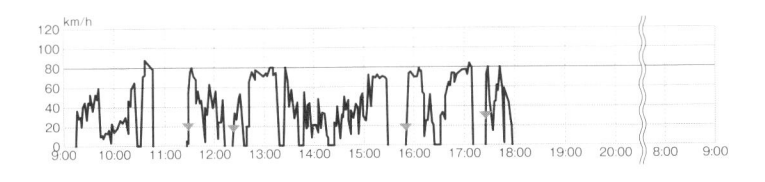

デジタル式タコグラフ

積卸	68分
待機	33分
休憩	72分
その他	8分
速度超過	15回
急加速	20回
アイドリング	27分
長時間運転	0分

**磁気カードからの結果レポート
（ISUZU トラックのデジタコより）**

第7章 物流の効率化に必要な情報システム

Column 7

物流システムに数億円かけたのに……

　ある物流センターで、数億円かけた物流システムがまったく機能せず、たくさんの現場スタッフが手作業に追われているのを見る機会がありました。搬送コンベアや自動ソーターは止まった状態で、作業導線は入り乱れ、スタッフの顔には疲労感が漂っていました。

　センター長に「システムの故障か何かでしょうか？」と尋ねてみましたが、どうも違うらしく、システム自体には問題ないのですが、現場スタッフが「このシステムは使い物にならず、受け入れられない」と判断したせいで、稼動していないとのことでした。

　「期待どおりに稼働しない」「使い物にならない」「まったく稼働しない」など、物流システムの失敗事例は意外に多いものです。このケースのようにシステムは問題ないのに、現場スタッフがシステムを受け入れず、結局、稼働しないということもあるのです。

　物流現場は、システムと人、スペースの親和性や関連性を十分に考慮する必要があります。

　また、現場の人から意見を聞くなどして設計することを忘れてはいけません。

　よくある失敗事例として、いつの間にか「物流機器の導入」が目的になっているケースもあります。

　物流機器メーカーやハードメーカーが、「売らんがため」に自社商品の提案に陥りがちになる傾向は否めません。第三者的な立場で意見が言える、経験豊富なコンサルタントに参画してもらうのも１つの方法かと思います。

　ただし、外部からではわからない自社の実情を十分に理解した自前のプロジェクトチームにより、参画・設計する姿勢が必要です。

第8章

物流コストの基礎知識

8.1 物流コストを知っておいたほうがいい理由

物流コストが予算以上に増加した場合、物流部はその理由を正しく答えられなければなりません。ここでは、その概要を説明します。

■なぜ物流コストを知っておかなければならないのか？

　企業経営者は売上だけを見て経営するわけではありません。企業の儲け（利益）を出すためには費用を抑えなければなりません。前年よりどれだけ利益が増減したかによって、次年度の予算が決められていきます。

　いくら企業の売上が伸びていても、売上の伸長率以上に費用が大きく増えていれば、利益率が下がることもあります。経営者は、利益率が下がってくると当然、費用を抑えようとします。

　費用の1つである物流コストは、出荷量が少なくなれば当然少なくなると考えがちですが、必ずしもそうはならないこともあります。例えば、売上（出荷量）が落ちているにもかかわらず、配送費や倉庫費用が上昇したり、人件費は横ばいのままであったりするケースです。

■コスト変動の原因を調査する

　物流コストが増加していたり、計画通りに削減できていなかったりする場合、その理由をきちんと把握し、改善を図らなくてはなりません。ほうっておくとせっかく他の部署が経費削減によって生み出した利益（節減による利益増分）を物流部門が使ってしまうことになるのです。すると当然、他部署からの非難だけでなく、経営者から説明を求められることになります。各部署から指摘を受ける前に原因とその対策を考えておく必要があります。物流コストが増えた理由は明確に把握しておかなければなりません。

```
物流コスト増大の原因究明と対策を立てる
```

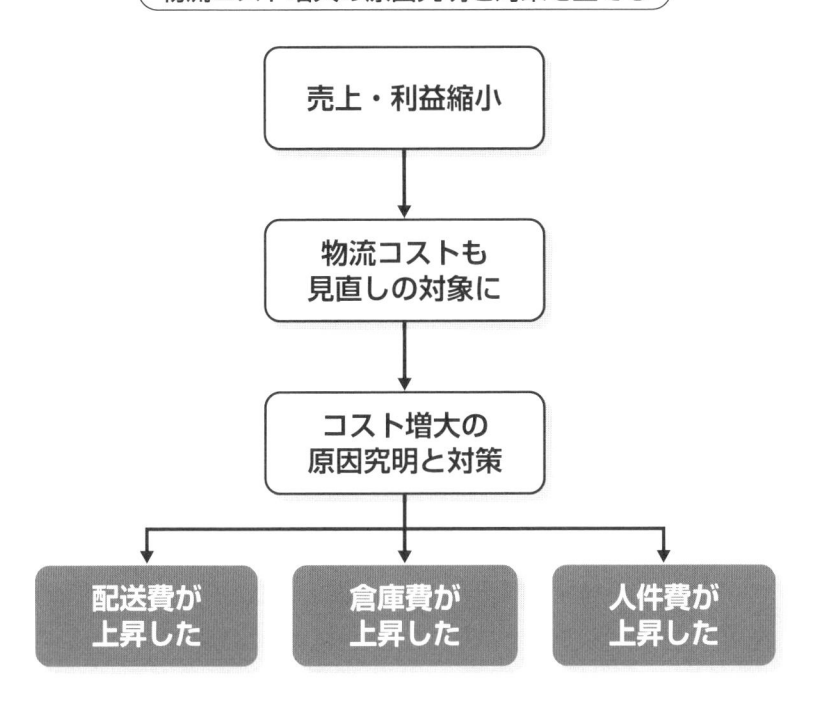

```
売上・利益縮小
   ↓
物流コストも
見直しの対象に
   ↓
コスト増大の
原因究明と対策
   ↓
┌──────────┼──────────┐
配送費が    倉庫費が    人件費が
上昇した    上昇した    上昇した
```

■コスト増の原因を是正する

　配送費の上昇の原因は、通常、出荷量が増えたことによるものですが、実際には出荷量が減っても起こり得ます。例えば、運送便を切り替えたときに燃油サーチャージや諸料金が新しく付加されたことや、出荷量の減少によりトラックの積載率が著しく落ちたことなどが考えられます。これらの場合は、前者は諸料金カットの交渉や値下げ交渉を行なわなければなりません。後者は同一方向に配達する顧客の商品を積み合わせするなど、トラックの積載効率を上げることで対策をとります。

　倉庫費の上昇の原因は、出荷量が増えたことの他に、加工作業がある場合、作業の工程が増えたこと、保管品の数量や容積が増えたために保管坪数が増加したことなどがあげられます。倉庫費の上昇を抑えるための対策としては、倉庫内の作業効率をさらに上げることや、保管効率を上げること、さらに滞留在庫と呼ばれる保管期間の長いものは、経営判

コスト集計表　　　　　年　月度　　　　　　　　　　　金額単位(千円)

費目↓　　　倉庫拠点名→	A倉庫 数量	A倉庫 単価	A倉庫 金額	B倉庫 数量	B倉庫 単価	B倉庫 金額	C倉庫 数量	C倉庫 単価	C倉庫 金額	倉庫合計 数量	倉庫合計 単価	倉庫合計 金額	費用構成比	対出荷金額
出荷梱包数／件数／金額			0											
人件費(ボーナス・退職金積立金・保険料等も含める)														
管理者														
一般A														
一般B														
嘱託														
アルバイト														
派遣														
その他(　　　　　)														
配送費														
支払運賃														
特積み														
宅配														
ルート配送														
地場チャーター														
遠距離チャーター														
その他(　　　　　)														
自家車輌														
減価償却費又はリース料														
固定費(車検・保険・点検整備・車庫代等)														
変動費(燃料・オイル・タイヤ・修繕他消耗品、高速代・駐車場代)														
その他(　　　　　)														
保管費・加工費・資材費等														
支払家賃・保管料														
家賃・保管料														
業務委託費用(支払作業料)														
その他(　　　　　)														
自家倉庫(建屋)費														
減価償却費、固定資産税														
機械設備費(リフト・ラック・運搬機・昇降機・コンベア・梱包機等)														
減価償却費、保守点検費														
資材消耗品費(パレット・緩衝材・ダンボール・梱包テープ・PPバンド等)														
購入金額														
その他(　　　　　)														
管理費														
水道光熱費														
通信費(電話代、FAX代、情報システム回線使用料等)														
情報システム費														
減価償却費(PC・サーバー・プリンタ・周辺機器)、保守点検費														
印刷用紙、インク他システム関連消耗品														
事務用品														
減価償却費(机・椅子・ロッカー・棚等)														
その他事務用消耗品														
その他(　　　　　)														
その他経費														
従業員教育費														
その他の経費														
合計金額														

断による廃棄処分や安売りすることなどがあります。必要なものを必要な量だけ必要なときに工場に搬入し、在庫をもたない方針を掲げている小売業の考え方は、まさに在庫がコストを上昇させることを知っているからです。

　人件費も同様に、出荷量が増えれば自ずと増えます。作業時間の延長や、臨時作業要員を雇うことになるからです。しかし、出荷量が減ったからといって、人件費が減ることはあまり望めません。自社要員で構成されている管理部門や倉庫要員は、ほぼ固定費だからです。よって、作業要員をアルバイト・パート化しておいて、出荷量の増減に応じて柔軟に人件費を調整する必要があります。

■自家物流を他社物流にするときの基準値にもなる

　物流コスト削減のために、倉庫を集約したり、運送便を集約したり、また作業効率化のためにマテハン機器を導入したり、情報システムを導入または機能追加したり、そして物流を他社に委託したりした場合、それ以前のコストより現在のコストのほうが下がっていて当然です。しかし、数値を取らなければそれを証明できません。ですから、数値管理は物流業務において大事な経営要素になるのです。

■物流コスト比率の比較方法

　また、コストを把握しておくべき理由はこれだけではありません。物流コストが大きいか小さいかを見る方法として、おもに3つあります。

　売上高に対する割合で見る「売上高物流コスト比率」や1梱包あたりのコストで見る「梱包あたり物流コスト」、そして活動単位あたりのコストで見る「物流ABC」です。各企業によって、どの方法を最重要KPIとするかは、状況によって違います。複数の倉庫を所有している場合には、各倉庫ごとに出荷金額に対する割合で見たほうがよいでしょう。

　数字の管理は、売上だけではなく、コスト（支払い）も含めて、その月の収益がどれだけになったのかを把握することが大事なのです。

8.2 企業の経費と物流コストの関係

物流コストは企業の経費の1つですが、コストを改善することで、企業の利益も改善されます。

■ コスト算出の必要性

　マネジメント（管理）は数値をもとに行なうのが効果的です。その数値はQCD（品質・コスト・納期）に関するものが多く、どれを優先するかは企業によって違います。その中でも物流コストは、どの会社でも重要視すべきもの1つです。

　「経営は経営資源（リソース）を再分配すること」と言われています。経営資源の再分配を考える手法として、PPM（プロダクトポートフォリオマネジメント）というフレームワークがあります。市場成長率を縦軸に、市場占有率を横軸にとったマトリックスに、現在の自社の事業や商品・サービスを配置します（右ページ図）。

　その経営資源の「カネ」を物流にどう再分配するかは、物流コストを把握していないと考えられません。

　また、利益を出すためにも物流コストを下げる必要があり、PDCAで物流コストを見直すべきです。この物流コストを月次で算出して初めて、コストを下げるための施策を立てられます。さらに、施策を実行して、実際に下がったかどうかもPDCAで検証できます。このサイクルを回すためにも、物流コスト算出は必要なのです。

　実際には、数値で物流を管理している会社は少ないと言えます。物流に関しては、大きな会社ですら数値で管理しているとは限りません。売上が数百億円の会社でも、自社の物流コストを把握していないケースがあります。

　また、「うちは○.○％」と言う担当者もいますが、物流の専門家から見て、「そんな数字であるはずはない」と思うこともあります。

経営資源の再分配を検討するPPM

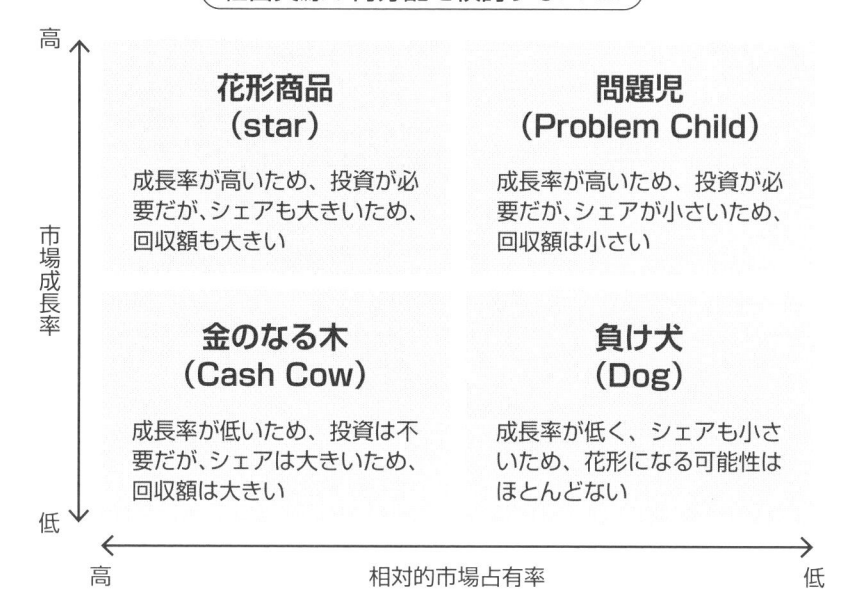

	花形商品 (star)	問題児 (Problem Child)
市場成長率 高	成長率が高いため、投資が必要だが、シェアも大きいため、回収額も大きい	成長率が高いため、投資が必要だが、シェアが小さいため、回収額は小さい
市場成長率 低	金のなる木 (Cash Cow) 成長率が低いため、投資は不要だが、シェアは大きいため、回収額は大きい	負け犬 (Dog) 成長率が低く、シェアも小さいため、花形になる可能性はほとんどない

相対的市場占有率 高 ←→ 低

数値をもとにPDCAで管理する

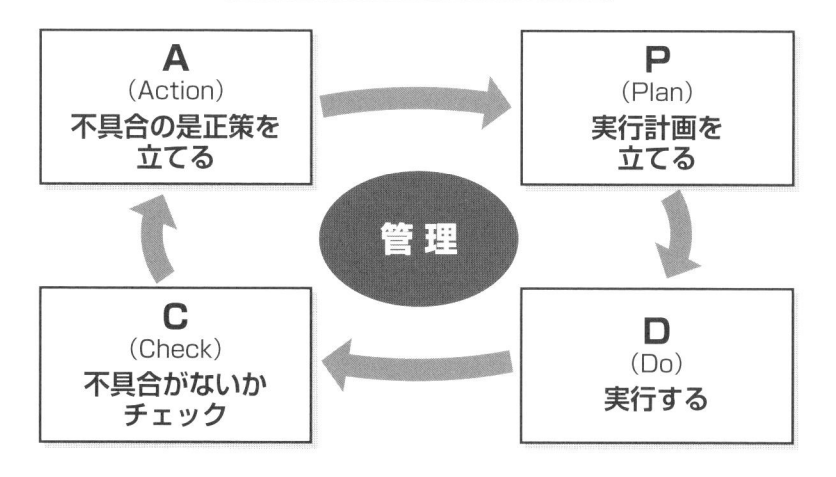

- **A（Action）** 不具合の是正策を立てる
- **P（Plan）** 実行計画を立てる
- **D（Do）** 実行する
- **C（Check）** 不具合がないかチェック

中央：管理

　予算管理をしている会社でも、物流コストを正確に算出できていない会社が多いのです。「支払った物流費＝物流コスト」ではないからです。今一度、実際の物流コストを月次で算出してください。

8.3 財務会計と管理会計上の物流コスト

> 財務会計では物流コストを把握することに限界があるため、物流部門は管理会計でコストを算出しておく必要があります。

■財務会計と管理会計

　自社の物流コストの金額を、経理部に問合せてみても正確な数字を把握するのは難しいのが現状です。物流を重視している企業であれば、情報システムによって物流コストを管理し、経理部でも把握している場合もあります。ですが、財務会計の帳票である貸借対照表や損益計算書から割り出すことは、実質的に困難です。

　貸借対照表においては、流動資産における在庫（商品、製品、仕掛品、貯蔵品等）金額や、固定資産としての建物、建築物、機械、装置、車両、運搬具、工具、備品、土地などが、全社で合算されているため、個々の物流センターごとに割り出せません。また、流動負債でも、支払期日がこれから先の日付になっている物流協力会社や倉庫不動産会社への支払金額などが、未払金に含まれています。

　また、損益計算書においては、売上原価や製造原価の中に、調達物流費や在庫費用が他の費用と合算されています。販管費の中に、社内物流費（売上・製造原価に含む企業もある）や販売物流費が合算されています。

　さらに、上場企業ならともかく、非上場企業においては、財務諸表を社内に公開していることは少ないでしょう。

　このように、貸借対照表や損益計算書から、物流コストを算出することは難しく、物流コストについての情報は、管理会計から得ることになります。管理会計は、社内の経営者や部門責任者が管理するうえで必要な会計情報を提供するもの、あるいは、その部署で欠かさず管理している費目です。

　管理会計では、物流拠点ごとに、人件費、配送費、保管・流通加工費、

企業活動におけるお金とモノの流れ

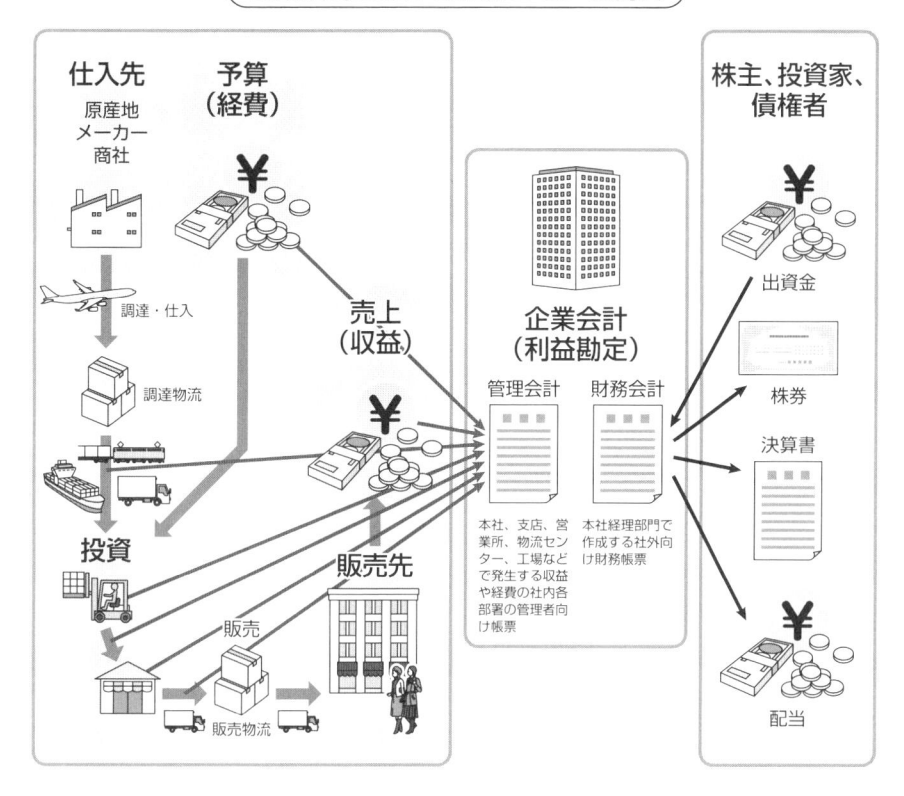

資材費、自家倉庫費やマテハン費用、情報処理費などにおいて、細分化した費目を見ることができます。

管理会計で合算された物流コストを売上額で割った「売上高物流コスト比率」や、また、出荷個数で割ると「個あたり物流コスト比率」として、管理すべき指標を算出することができます。

くわしくは後述しますが、ここで紹介した管理会計で捉えることができる物流コストは簡便法と呼ばれる方法です。物流コストの捉え方として、もう1つ、「物流ABC」があります。ABC（Activity-Based Costing）は、活動基準原価計算と言い、物流における活動（作業工程）ごとにコストを集積し、活動ごとに原価を計算する方法です。簡便法から算出された費目別コストをベースに使うことができます。

8.4 物流コストの捉え方①〜簡便法〜

> 物流コスト算出の基本。物流コストの費目を項目ごとに洗い出し、月単位で集計する。

■物流コストの構成費目

物流コストは、おおむね人件費、運送費、保管費、加工費、資材費、情報システム費、事務所費に分類できます。この各項目をさらに細分化して管理するコスト項目を費目と呼びます。例えば、人件費項目であれば、管理者、パート・アルバイトなどに分類すれば、それぞれの費用を把握しやすくなります。それぞれのコストの数字を見て、さらに変化を把握し、異常な数値になっていないかを管理します。コスト削減という改善活動を続けるときの切り口としても見ていくことが大事です。

一般的にはこれらの管理は、簡便法と呼ばれており、中小企業庁が作成した「わかりやすい物流コストの算定マニュアル」を参考に各社独自に作成されています。各費目の算出方法を紹介します。

■人件費の算定法
〈計算基礎〉

賃金（時間外含む）、諸手当、賞与、退職金、福利厚生費など、およそ1人にかかる月額費用を記入します。

〈数量〉

基本は0.5人単位でピックアップします。正確性を上げるためには、0.1人単位でもよいでしょう。

第8章 物流コストの基礎知識

おもな物流コストの費用

項目	費目
人件費	管理者
	一般A
	一般B
	パート・アルバイト
	小　計
配送費	配送委託・経費
	センターフィー
	車輌費
	車輌維持費
	小　計

項目	費目
保管費（流通加工費含む）	支払保管料
	支払作業料
	資材費
	手数料
	自家倉庫費
	倉庫内機器費
	在庫金利
	小　計
情報処理費	情報機器費
	消耗品費
	通信費
	小　計
その他	事務所費
	小　計

◇ 機能別、主体別に物流コストを把握する
◇ 代表的な物流コストの把握方法は簡便法
◇ 簡便法は官庁によって公開されている

http://www.kyushu.meti.go.jp/seisaku/ryutsu/buturyu/buturyu_cost.pdf
「わかりやすい物流コストの算定マニュアル」（中小企業庁）編より編集

人件費の算定法

● 人件費

項目	費目	支払自家別	計算方法	計算基礎	数量	金額（単位：千円）	物流コスト構成比
人件費	管理者	自家	推定	千円／月			
	一般A	自家	推定	千円／月			
	一般B	自家	推定	千円／月			
	パート・アルバイト	自家	実績	千円／月			
	小　計						

（他に契約社員、派遣、嘱託など）

【記入例】
管理者：推定45万円／月　1.5人
一般A：推定35万円／月　19人
一般B：推定25万円／月　7人
パート／アルバイト：実績　5人

163

■配送費の算定法

〈支払い運賃〉

チャーター社、宅配便、緊急便、元払運賃などの支払い額（月額）を記入します。着払い運賃については、どの部署のコストになるのか判断し、分類します。

〈センターフィー〉

量販店などの納入先の施設利用にかかわる流通費、物流費、一括納品手数料などの名目の費用は、センターフィーに該当します。

〈車輌費〉

リースの場合は月額支払い金額を記入します、自社購入配送車の場合は、月額減価償却費をリース料から推定します。

〈車輌維持費〉

自社購入配送車についての修理・整備費、燃料費、高速料、駐車料金などの支払実績を記入します。

●配送費

項目	費目	支払自家別	計算方法	計算基礎	数量	金額（単位：千円）	物流コスト構成比
配送費	配送委託・経費	支払	実績	千円／月			
	センターフィー	支払	実績	千円／月			
	車輌費	自家	推定	千円／月			
	車輌維持費	自家	推定	千円／月			
	小　計						

■保管費の算定法

〈支払保管料〉

保管を外部へ委託している場合の月額支払保管料です。

〈支払作業料〉

外部へ委託している作業の固定および時間外、あるいは出来高（単価

制）のすべての月額支払い金額を記入します。

〈資材費〉

商品の包装材料のほか、ラベルやシール、値札なども含まれます。

〈自家倉庫費〉

近隣の実勢相場から推定します。建物の賃借料に含まれるものとしては、減価償却費、固定資産税、保険料、金利、修繕費、光熱費があります。

〈倉庫内機器費〉

リースの場合は月額支払い金額を記入します。自社購入の機器は月額リース料から推定します。フォークリフト、ラックなどであれば購入価格の2％で計算します。

〈在庫金利〉

月末在庫金額に年利から推定した月額金利（年利の1/12で換算）を掛けた金額を記入します。借入金3％、減耗損（破損、腐食など）1％、陳腐化損（長期在庫の破棄、値引き販売）1％などと記入します。

● 保管費

項目	費 目	支払自家別	計算方法	計算基礎	数量	金額（単位：千円）	物流コスト構成比
保管費（流通加工費含む）	支払保管料	支払	実績	千円／月			
	支払作業料	支払	実績	千円／月			
	資材費	支払	実績	千円／月			
	手数料	支払	実績	千円／月			
	自家倉庫費	自家	推定	千円／月			
	倉庫内機器費	自家	推定	千円／月			
	在庫金利（5%)	自家	推定	月末在庫金額×年利／12（　　千円×　　％）			
	小　計						

■ 情報処理費、その他費用の算定法

情報処理費は、実績に物流関係の推定利用率を掛けて求めます。

〈情報機器費〉

　リースの場合は、月額支払い金額を記入します。買取の場合は月額リース料から推定します。例えば、月額費用：購入金額の2.5％、推定利用率が不明の場合には、製造業：30％、卸売業：50％、小売業：50％などと算出します。

〈消耗品費〉

　プリンタ用の伝票、用紙、リボン、インクなどの費用が含まれます。その合計金額（月額）を計算します。

〈通信費〉

　電話代です。

● 情報処理費

項目	費　目	支払自家別	計算方法	計算基礎	数量	金額（単位：千円）	物流コスト構成比
情報処理費	情報機器費	自家	推定	月額費用×利用率 （　　千円／月×　％）			
	消耗品費	自家	推定	月額費用×利用率 （　　千円／月×　％）			
	通信費	自家	推定	月額費用×利用率 （　　千円／月×　％）			
	小　計						
その他	事務所費	自家	推定	月額費用×利用率 （　　千円／月×　％）			
	小　計						

■ **事務所費**

　賃借の場合は、月額支払い金額を記入し、自社所有の場合は近隣の賃借料から推定します。月額費用は購入金額の2.5％で算出します。推定利用率が不明の場合は、製造業なら30％、卸売業なら50％、小売業なら50％を目安に計算するとよいでしょう。

■改善の視点

簡便法では、改善項目を決める方法として、まずコスト構成項目ごとのチェックリスト(ベンチマーク)から、数値を評価する方法があります。詳細はこちらもホームページで「わかりやすい物流コストの算定マニュアル」(http://www.kyushu.meti.go.jp/)を参照してください。

一例として、人件費の改善の視点であれば次のようなものがあります。前期との対比でどうだったか？ 作業の二度手間が発生していないか？ 手待ち作業が多くないか？ カンバンがあるか？ 受注締め時間が守られているか？ など、人件費増に影響を及ぼす内容があります。

また、配送費の改善の視点として、前期より増加したか？ 緊急出荷が多く割高になっていないか？ 着払いが多くなっていないか？ 出荷ミスによる再出荷が増えていないか？ など、配送費増に影響を及ぼす要因があげられています。これらをチェックして心当たりのある費目を改善項目にあげるとよいでしょう。

改善の視点

項目		チェックポイント	製造業	卸売業	小売業	1	2	3
人件費	構成比	人件費は前期より増加していますか	○	○	○	増加	横ばい	減少
	管理者	数が必要以上に多いですか	○	○	○	多い	やや多い	適正
		担当者任せにできない、定型化されていない作業が多いですか	○	○	○	多い	やや多い	適正
		工場・倉庫が過度に分散していますか	○	***	***	分散	やや分散	適正
		事務所・倉庫が過度に分散していますか	***	○	***	分散	やや分散	適正
		事務所・店舗が過度に分散していますか	***	***	○	分散	やや分散	適正
	女子	女子の活用が少ないですか	○	○	○	少ない	やや少ない	適正
		倉庫作業が女子では困難な手荷役が多いですか	○	○	***	多い	やや多い	多くない
		女子では困難な手荷役が多いですか	***	***	○	多い	やや多い	多くない
		女子では困難な夜間・早朝作業が多いですか	○	○	○	多い	やや多い	多くない
	パート・アルバイト	パート・アルバイトの活用が少ないですか	○	○	○	少ない	やや少ない	適正
		業務の単純化・定型化が遅れていますか	○	○	○	遅れ	やや遅れ	適正
		業務マニュアルは作成していますか	○	○	○	なし	準備中	ある
	人件費単価	作業のバラツキが多いための残業が多くなっていますか	○	○	○	多い	やや多い	適正
		高賃金の人が単純作業をすることが多いですか	○	○	○	多い	やや多い	適正
	作業効率	包装の機械化が遅れていますか	○	***	***	遅れ	やや遅れ	適正
		包装場のレイアウトが悪く、作業能率が低下していますか	○	***	***	低下	やや低下	適正
		生産工程の遅れにより、出荷遅れがありますか	○	***	***	多い	やや遅れ	一部
		倉庫の機械化が遅れていますか	○	○	***	遅れ	やや遅れ	適正
		倉庫の作業ロケーションが悪く、作業能率が低下していますか	○	○	***	低下	やや低下	適正
		入荷遅れによる手待ちが多発していますか	***	○	***	多い	やや多い	一部
		緊急出荷による作業変更が多発していますか	○	○	***	多い	やや多い	一部
		検品、保管のスペースは十分確保されていますか	***	○	○	遅れ	やや遅れ	適正
		バーコード等の活用はしていますか	***	○	○	悪い	やや悪い	適正
		商品保管は誰にでもわかるように表示していますか	***	○	○	多い	やや多い	一部
		上部に置いてある商品を一度下ろしてから、下の商品を取り出すムダがありますか	***	○	○	多い	やや多い	一部
		値付け・包装の機械化が遅れていますか	***	○	○	遅れ	やや遅れ	適正
		入出庫荷役の機械化が遅れていますか	***	○	○	遅れ	やや遅れ	適正

「わかりやすい物流コスト算出マニュアル」より一部抜粋

8.5 物流コストの捉え方② ～物流ABC～

作業効率を改善するために把握しておくためのコスト算出で、工程あたりの作業生産性を捉える手法です。

■物流ABCの概要

　ABCは、Activity-Based Costing の略で「活動基準原価計算」と訳されます。主に倉庫や物流センターにおける作業生産性を上げていくための手法です。簡便法で抽出した職種別人件費、賃料、作業委託費、情報処理費を、1か月あたりの活動の原価としてアクティビティごとに算出します。

　1つのアクティビティで、どの程度のコストがかかっているのかがわかります。例えば梱包場での1か月の原価を梱包数で割れば、「梱包1個あたり○○円」とか、ケースの数で割れば、「出荷1ケースあたり××円」といった活動の単価が算出できます。

　そこで、作業生産性をどう見るかというと、例えば、梱包における単価が10円として、常時Aさん（処理数100／時間）、Bさん（処理数80／時間）、Cさん（処理数50／時間）の3人で作業をしている場合、3人で230梱包／時間の処理を行なっていることになります。

　前工程にピッキング作業があったとして、この梱包場の手前で集められた商品が数多く梱包待ちをしている（ボトルネックと言う）状況ならば、時間あたりの処理数を増やさなければなりません。もし、時間あたり300梱包が処理できれば、このボトルネックが解消するとなれば、梱包場に処理数70／時間できる人を新たに雇うか、連れてくるか、それとも全員が処理数100／時間になるように、BさんとCさんを訓練するしかありません。

　これらのように、どうにかして処理数を上げていくことで流れをよくし、全体を効率化させることでそのアクティビティにおける生産性が上

物流データ集めの例

大分類	主/補	作業番号	小分類	定義
出荷	主	11	集品	台車を使用して出荷先・伝票単位でピッキング
出荷	主	12	2次検品	ピッキング後に商品のJANコードを読みとり、伝票と内容を照合
出荷	主	13	紐括り・梱包	出荷先ごとに箱詰め梱包を行なう。代理店出荷では1伝票単位に商品を結束して箱詰め
出荷	主	14	大口・搬送	大口顧客用の出荷対応（ピッキングから梱包・搬送［積み込み場所までもって行く］までの作業工程）
入荷	補	21	運営管理	グループリーダー等が入荷作業に関わる管理および準備作業
入荷	補	22	入庫検品	外部倉庫から取り寄せた商品の検数。各フロアへの振り分け判断
入荷	補	23	仕入棚入	フロア別・棚別に振り分け⇒棚入・ケース詰めまで
出荷	補	15	出荷棚入	フロア別・棚別に振り分け⇒棚入まで
出荷	補	16	伝票処理	出荷先ごとの伝票の仕分け
出荷	補	17	棚在庫チェック	出荷対象商品の在庫に誤りがないかチェックする
出荷	補	18	PAS処理	PASのラインに商品投入し、仕分けられた商品の梱包まで（稼動前後のセッティング時間を含む）
出荷		91	手待ち	前工程からの出荷品が来ない状態で、待ちが発生する
出荷		92	物探し	指定された柵に商品補充がなく、他の柵や、ストックヤードへ商品を探しに行く
その他		93	清掃	通常作業外（そうじ、打合せ等）、棚卸
その他		94	ホウレンソウ	上司への報告、連絡、相談で5分以上要する
その他		95	打合せ	ミーティングなどで5分以上要する

がるのです。人を新たに雇って処理数を上げようとすると、コストが増えますので、あまりよい考えではありません。できるだけ社内の手待ちの多い人をこの梱包場へ連れてくるほうが懸命な考え方です。

　また、CさんをAさんのレベルまで処理数を上げることは至難の業かもしれませんが、せめてBさんの処理数まで追いつくように教育研修をするか、無理なら配置転換させる方法がよいでしょう。

■ **物流ABCは、基礎データ集めに労力を要する**
　物流ABCを用いて改善を始めるには、まず、アクティビティ一覧表

を作成します。各アクティビティ項目に作業番号を割り付け、主力作業か補助作業かの区分を行ない、内容の定義付けを行ないます。これに基づいて、1人ひとりの活動状況を始業から終業まで追いかけます。アクティビティ項目として忘れがちなのが、5分以上の"手待ち""物探し""報連相""打合せ"などです。これらの項目もきちんと記録しましょう。

　倉庫の生産性を改善するには、誰がいつ、どこで、どんな作業を、どれくらいやっているのかを知っておかなければならないのです。しかし、作業員にずっと張りついて記録をとることは、作業員にとって気分のよい状況ではありませんし時間もかかります。

　そこで、表を使って作業員に記録をお願いするのです。調査対象は全員です。氏名、男女区分、職種を記載し、始業から終業まで10分刻みまたは15分刻みの表にアクティビティ一覧表（前ページ）で設定した作業番号を記載してもらいます。

　調査は平常期の月～金の5日間行ない、記録した短冊を毎日一覧表にし、1週間記録していきます。一覧表には、アクティビティの項目別に作業時間を集計し、入荷のアイテム数、ケース数、件数（仕入先数）、出荷のアイテム数、梱包ケース数、件数（配送先数）、バラピッキング数、ケースピッキング数、ピッキング件数の他、出荷金額を出荷件数（配送先数）と同じ時間帯に記入します。

■処理数の調査と作業料金の調査および作業単価の算出を行なう

　このような数値を入れていくことで、
①作業日計表の1週間分を週計し、各アクティビティ1日あたりの時間や処理量等の平均値を算出する。
②各アクティビティ1日平均の時間から、職種単位で作業時間を配分する。
③1日あたりの平均活動人数を、役職、職種ごとに算出する。
④役職、雇用形態別に各アクティビティの活動比率を時間で算出する。
⑤アクティビティごとに、平均作業人数を算出する。
⑥自社人員の職種別月あたりの平均賃金を転記する。

⑦支払作業料を委託人員活動時間比率で分配する。
⑧1人あたりの処理数＝
　　　　　アクティビティ投入人員÷アクティビティ処理数で算出。
⑨時間あたりの処理数＝
　　　　　1日平均のアクティビティ活動時間÷1日平均のアクティビティ処理数で算出。
⑩アクティビティ処理1個あたりの物流コスト＝
　　　　　各アクティビティの物流コスト÷アクティビティ処理数
⑪人時生産性（数／人時）＝
　　　　　時間あたりの処理数÷アクティビティ投入人員
⑫人時生産性（円／人時）＝時間あたりの物流コスト÷アクティビティ投入人員

が、わかるようになります。

　数値の変化による分析／問題点の洗い出し、是正、はまずベンチマークで見てみるようにします。

　例えば、
⑬手待ちは多くないか？
⑭ボトルネックとなっているアクティビティはないか？
⑮省けるアクティビティはないか？
⑯社員の作業をパート・アルバイト化にできないか？
⑰補助作業を合理化できないか？
⑱各アクティビティのスピード化はできないか？
⑲作業で考える時間が多くないか？
⑳物を探す時間が多くないか？
などの視点でデータを見ていくと、意外と改善点が見えてくるものです。

　平常期にぜひチャレンジしてみてください。

8.6 物流サービスとコストの関係

> サービスとコストにはトレードオフの関係があります。コストを抑えようとすれば、サービスレベルが落ちる可能性があります。

■TCとDCの例でサービスとコストの関係を見る

　TC（通過型物流センター）とDC（在庫型物流センター）を比べてみましょう。それぞれの長所短所を考えてみると下記のようになります。

　まず、在庫（保管）というサービスを提供するDCは、必要なときに必要な量を出荷できる一方、サービスの対価として発生する保管料や維持費用がかかります。また、景気や経済の変化によって原材料費が高騰したとしても、在庫があれば、ある程度価格変動に耐えられます。

　一方、仕分けのみの場所を提供するTCでは、基本的に在庫はしないので保管費用は不要です。しかし、在庫がないということは、小売業からの急な商品取寄せに対し、リードタイムが余計にかかるなど、サービス面で劣ってしまいます。

　このように、2つの重要項目を比較するうえで、どちらかをよくしようとすれば、もう片方が悪くなってしまう双方の関係を「トレードオフの関係」と言います。

　このように物流の改善を行なうときには多くのトレードオフが見受けられます。しかし、その双方をよい方向にもっていくことが物流改善のカギになります。

■全員参加型物流改善活動で改善意識を高める

　QC活動や5S活動は、サービスレベルの向上とコスト削減を実現できる唯一の企業活動と言えます。それは、改善のポイントが「効率化」や「全体最適化」にあるからです。

　例えば、出荷作業で効率化を図るためにピッキング動線の短縮を目指

在庫型物流センターと通過型物流センター

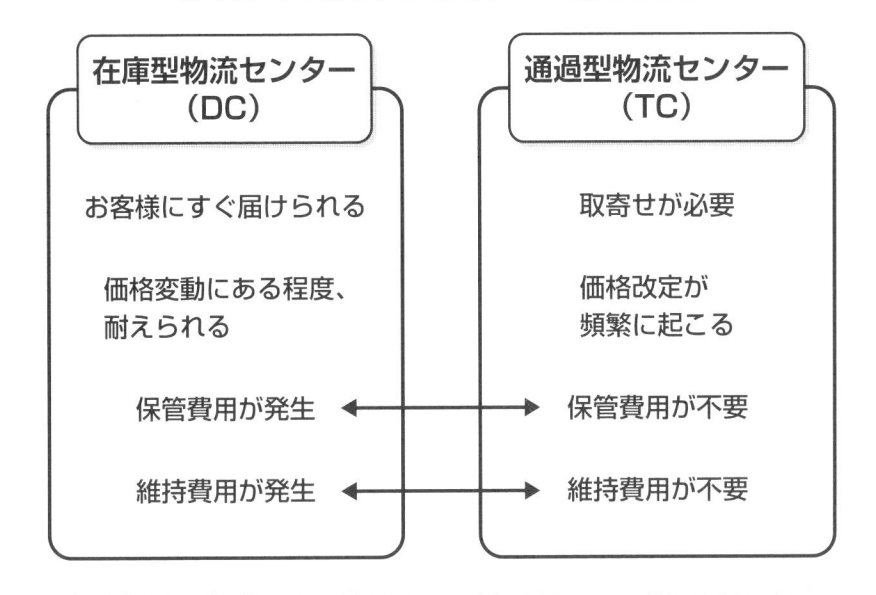

在庫型物流センター（DC）
- お客様にすぐ届けられる
- 価格変動にある程度、耐えられる
- 保管費用が発生 ←→ 保管費用が不要
- 維持費用が発生 ←→ 維持費用が不要

通過型物流センター（TC）
- 取寄せが必要
- 価格改定が頻繁に起こる
- 保管費用が不要
- 維持費用が不要

コストとサービスはトレードオフの関係にある

すことになったとします。出荷頻度によるABC分析を行ない、在庫を配置替えすることで、これまで総出荷時間が8時間かかっていたものが、5時間に短縮されました。保管料やリードタイムが変わることなく、作業時間が短縮されたことで、出荷作業に携わる人が2名配置転換（削減）されました。これはまさに人件費項目の物流コスト削減となります。同時に、Cランク商品を整理整頓することで、保管スペースが空き、より多くの商品が保管できるようになりますし（サービス拡張）、保管スペースが広がると、その分の保管費も不要になるのです。

このように、全員で物流改善に向かい、様々な提案をすることで、よいと感じた改善は、全員で行なうことができますし、目指すベクトルも全員一致させることになり、コストを抑えながらサービスを拡張させることが可能となります。

8.7 コスト改善計画に必要な指標

コスト改善のためのKPIは様々なものがあります。作業生産性を上げるための指標として、物流ABCを参考にできます。

■QCDを考えよう

　物流部門で設定できるKPI（重要業績評価指標）は、大きく品質とコストと時間に分けられます。QCDは、品質管理のフレームワークで、品質（Quality）、コスト（Cost）、納期（Delivery）のことです。

　品質に関わるKPIは、正しい商品が正しい数量でユーザーに配送されているかを見る指標であり、誤納品率や、欠品率、商品事故率があげられます。算出方法は、倉庫での作業中（出荷前）なのか、配達時点（出荷後）なのかで変わってきます。

　出荷前では、誤納品の原因となる誤品や誤アイテム、誤数の行数を出荷行数で割り、欠品率もピッキング時点での欠品行数を出荷行数で割った数値を使用します。点数よりも行数を使用するほうがよい理由は、出荷単位の異なる商品のミスカウント点数（例えば、1ケースと1ピース、1ケースと1kgなど）の合算はできないからです。商品事故率（破損、濡損など）は、出荷または保管単位（ケース、ピース、質量など）が一律であれば事故数量を保管数量で割ります。様々な単位での保管をしている場合には、事故アイテム数を在庫行数で割る方法もありますが、在庫行数が少ない場合、月あたりの事故の発生件数を使用するほうがよいでしょう。

　出荷後では、クレーム件数をKPIとして見ますので、誤納品件数、欠品件数、事故件数を出荷件数で割ります。

　品質に関するKPIの単位は、最近では教育の充実やシステムの整備によって、出荷精度が大幅に向上し、これまでの％（100分の1）ではなく、ppm（100万分の1）を使用する企業が少しずつ増えています。

経営方針と物流KPIを連動させる

利益重視

ROA（総資産利益率）・ROE（自己資本利益率）売上高・純利益率・営業利益率　etc.

売上重視

納品率・欠品率・誤出荷率・返品率・クレーム率　etc.

> 注文商品を他社よりも早く、いかに安全に届けられるかを意識しなければならない

コスト重視

対売上高物流コスト比率・在庫回転日数・滞留在庫比率・人時生産性・個あたり物流コスト　etc.

> 物流コストをいかに抑えられるかを意識しなければならない

顧客満足（CS）重視の経営方針であるときの物流KPI例

納品リードタイム・納品率・欠品率・誤出荷率・返品率・クレーム率・あいさつ・身だしなみ　etc.

> お客様満足度をいかに上げられるかを意識しなければならない

従業員満足（ES）重視の経営方針であるときの物流KPI例

離職率・改善提案率・挨拶

KPIの項目別算出例

KPI項目の例	計算方法
ROA（総資産利益率）	当期純利益÷総資産
ROE（自己資本利益率）	当期純利益÷自己資本
売上利益率	当期純利益÷売上高
営業利益率	営業利益 ÷ 売上高
納品率	納品件数÷出荷件数
欠品率	当日欠品点数(行数)÷当日欠品点数(行数)
誤出荷率	誤出荷件数(行数)÷出荷件数(行数)
返品率	返品件数(行数)÷出荷件数(行数)
クレーム率	クレーム件数(行数)÷出荷件数(行数)
対売上高物流コスト比率	物流コスト÷売上高
対出荷金額物流コスト比率	物流コスト÷出荷金額
平均在庫回転日数	平均在庫数÷平均出荷量
一定期間の在庫回転数	一定期間の出荷数量(売上原価)÷期末の在庫数(棚卸資産)
平均滞留在庫比率	平均滞留在庫数÷平均在庫数
人時生産性	1作業工程における1人1時間あたりの処理数またはコスト
個あたり物流コスト	期間あたりの物流コスト÷処理個数
納品リードタイム遵守率	延着件数÷出荷件数
あいさつ	目視、報告による挨拶基準不適合数の積み上げ
身だしなみ	身だしなみ不具合人数÷従業員数

第8章　物流コストの基礎知識

ミスが1万個に1個以下になっている企業も増え、％表示ですと0.01％以下となります。これがppmですと100ppm以下と表示されます。小数点表示による％では、ミスの度合いがわかりにくくなってきているためです。

　次に、コストに関わるKPIでは、人件費や配送費、保管料、荷役料、資材費、通信費、消耗品、電気代、光熱費など、「物流活動でかかる費用を実額で指標とするものと、1人あたり何個出荷したか、何件出荷したか、Aという作業工程では何分かかったかなどの生産性で見る指標があります。

　前者は売上高に対する物流コストの比率を算出し、指標とする企業も多いですが、これは、他社の取り扱う商品や価格が自社と異なるために、単純には比べられません。また、商品戦略によって、販売価格を下げた場合には、比率は当然上昇しますので、その時点で指標を見直さなければなりません。

　後者の場合は、作業の生産性を見るための指標ですので、商品価格や出荷量の増減による影響は、あまり受けません。

　前者のコスト算出方法を簡便法、後者の方法を物流ABCと言います。

　最後に時間に関するKPIは、作業時間ではなく、リードタイムに設定します。例えば、納期遵守率がそうです。納期遵守率は、クレームによって発覚するものと、納品先ごとに配達時間が決められている場合の自社管理において、予定時間の範囲内に納品できたかそうでないかで、算出します。

　前者は遅延、延着と、稀に早納があり、時間に関するクレーム件数を配達総件数で割ります。後者は、配送員からの報告（口頭や日報）件数を配達総件数で割ります。両者とも、配送員（または配送コース）単位での管理もできます。

　以上のように、品質と時間は企業の顧客満足度に関わる物流KPI、コストは企業の利益（収益）に関わるKPIになります。

■物流コスト管理のまとめ

　物流コストを削減することは、利益を生むことと同じです。ただ単にコストを算出して眺めているだけでは意味がありません。数字を出す以上、その数値をどう変えていくのかをくり返し強調してきた物流改革のキーワードであるQCDをつねに念頭に置き、必ずPDCAで実践してください。PDCAは改善を続けるために必要不可欠な手法です。

物流コストを"継続"し、利益体質を作ろう

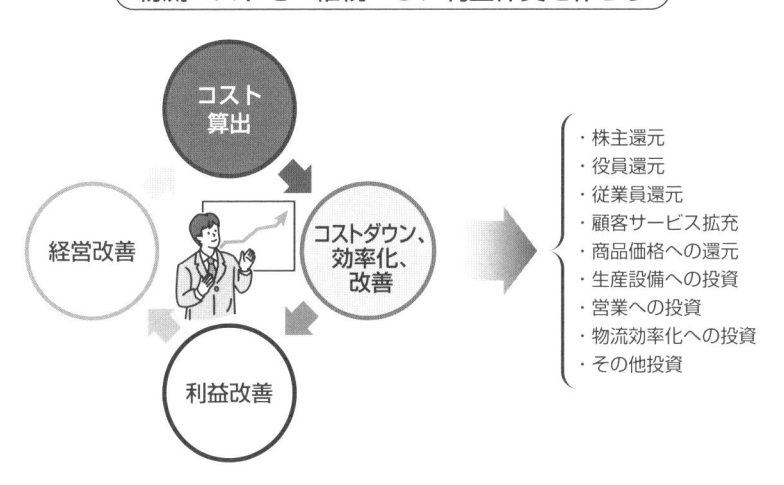

- コスト算出
- コストダウン、効率化、改善
- 利益改善
- 経営改善

- ・株主還元
- ・役員還元
- ・従業員還元
- ・顧客サービス拡充
- ・商品価格への還元
- ・生産設備への投資
- ・営業への投資
- ・物流効率化への投資
- ・その他投資

物流コスト管理で、利益改善＆経営改善
物流部門はコスト部門から利益部門へ

Column 8

在庫整理は先手必勝

　棚卸が迫ってきたり、売上が伸びて商品アイテム数が増えて倉庫スペースが手狭になったり、「在庫を圧縮せよ」という上司からの指示があったりすれば、在庫整理をすることになります。

　私自身、20代のころには小売の現場で働きはじめて、在庫管理のイロハも知らず、過剰在庫品の管理に悩まされていました。「前任者が仕入れた過剰在庫をなぜ自分が処理しなきゃならないんだ？」という思いも強く感じていました。

　しかし、海外のPB商品が大量に入荷されてきて倉庫の在庫が膨れ上がったときに、保管場所もないので思い切って、日曜のタイムセールや処分売り場を作るなど、早め早めに手を打って鮮度の落ちた商品を処分し、新しい商品を投入するサイクルを早めることをドンドン試してみました。

　その結果、ロス率の低下と担当していた日用品部門の売上を前年比130％増まで達成したことがありました。それから、担当部門が変わるごとに社内ルールより早めの処分の実験を繰り返した結果、おもしろいように前年比売上アップを達成できたのです。

　鮮度の落ちた商品をできる限り早く処分することが、実は、自分の成果も上げることに気がつきました。

　そこで、ぜひ実践してもらいたいのが『失敗を前提とした在庫管理』です。「在庫を取り込み過ぎるのはよくあることだ」と認めることです。

　会社のルールもありますが、つねに自分の"現場でのものさし"をもって管理することを徹底して実践してみてはいかがでしょうか？

　広い視野をもって「在庫管理は失敗することもあるんだ」という前提に立って、過剰在庫を早く処分することが、最終的には、自分の成果につながり、ひいては会社全体の利益を生み出すことにつながるのです。

第9章

主要業種・業態の物流最新形態

9.1 通販業界

通信販売業界は2000年からの15年間で、2.5兆円の市場が2.8倍の7兆円の市場に成長しています。今後も拡大が見込まれます。

■通販業界市場が成長する4つの理由

アマゾンや楽天、アスクルなど日々インターネットで書籍や洋服や食品など様々な商品を購入する人が増えています。今では、ネットで商品を購入することが生活の一部になっています。なぜ、ネット通販が伸びたのか？　その理由は4つほどあげられます。

①インフラ面での整備が進み、通信速度が飛躍的に速くなった
②パソコンやモバイル端末が普及した

　パソコンが安価で購入できるようになり、テレビ同様に1家に1台はある時代になっています。今やモバイル端末も普及し、スマホやiPadでWi-Fiを使って、どこでもショッピングサイトから商品を購入できる。

③ネットでスムーズに決済できるようになった

　ひと昔前は、ネットで注文した商品が本当に届くのか心配している人もいましたが、今では信頼性も高まり、カード決済して購入する消費者が増えています。

④宅配ができる環境ができあがった

　ヤマト運輸を筆頭に、佐川急便、郵政公社などの企業がサービス向上に励んだ結果です。

■通販業界の代表的な企業

このように、急成長を遂げている通販業界ですが、通販業界を次の4つほどの分野別に捉えると、よりわかりやすくなります。

　①カタログ通販、②ネット通販、③テレビ通販、④ラジオ・チラシ・

通販市場売上高の推移

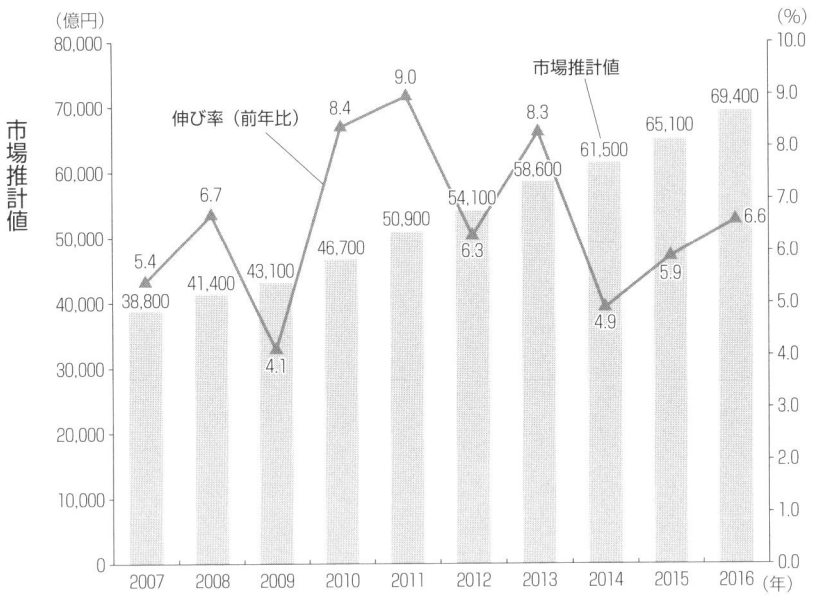

年	市場推計値(億円)	伸び率(前年比)(%)
2007	38,800	5.4
2008	41,400	6.7
2009	43,100	4.1
2010	46,700	8.4
2011	50,900	9.0
2012	54,100	6.3
2013	58,600	8.3
2014	61,500	4.9
2015	65,100	5.9
2016	69,400	6.6

データ出典：2017年　日本通信販売協会資料

新聞通販の4つです。それぞれ、代表的な企業を紹介します。

①カタログ通販では、ニッセン、千趣会、ベルーナ、ディノス、フェリシモ、カタログハウス、ミスミなどがあげられます。

②ネット通販では、アマゾン、楽天（楽天市場）、ヤフー、アスクル（ロハコ）、スタートトゥディ（ZOZOTOWN）、大塚商会（たのめーる）、コクヨ（カウネット）などがあげられます。

③テレビ通販では、ジュピターショップチャンネル、QVCジャパン、ジャパネットたかた、オークロンマーケティングなどがあげられます。

④最後に、ラジオ・チラシ通販では、ニッポン放送・TBSのラジオの通販などがあり、チラシ通販では、コーヒーのブルックス、ジャパネットたかたの新聞の折込チラシなどがあげられます。新聞では夕刊で多くの通販会社を見かけます。

多くの通販企業がしのぎを削る中で、カタログ通販を収益源としていた企業は年々ネット通販比率を高めて売上を拡大しています。

■通販業界で儲けを生み出す2つのポイント

通販業界で儲けを生み出すには、2つのポイントがあります。

1つ目のポイントは、リピーターを育てることです。テレビ通販であればCMなど広告宣伝費を投入することや、ネット通販であれば、ホームページのリニューアルを頻繁に行なうなど、獲得した新規顧客をリピーターに育てる仕組みを作ることです。新規のお客様へのお知らせと、リピーターのお客様への案内状やポイントサービス、割引サービスなどを行ない、さらに売上上位20%のお客様には独自の対応を各社が行なっています。

2つ目のポイントは、物流サービスです。アマゾン、楽天、アスクルなど大手通販企業では、365日24時間で注文を受け付け、注文された商品を当日配送、送料無料、時間指定配達するサービスが最近では当たり前になってきています。

注文された商品を当日に届けるためには、高度な在庫管理システム（WMS）とマテハンシステムの活用が必要です。くわえて、商品を輸送するための幹線輸送のみならず、地域ごとの軽貨物配送ネットワークなど運送会社との連携体制の構築も求められます。

このように、お客様が必要とするタイミングで商品を届けるための物流のスピード、低コストで高品質な物流センターの運営管理のノウハウこそが通販企業にとって最大の資産なのです。

今後、少子高齢化が加速する日本において、家にいながらにして、商品を購入できるネット通販は、メディカル、介護、宅食など様々な分野で拡大することが予想されます。

9.2 コンビニチェーン

東日本大震災以降、コンビニエンスストアの役割が大きく変わった。24時間営業などスーパーにない利便性が消費者から支持されています。

■コンビニはセブン-イレブンが独走

　コンビニエンスストアの発祥は、アメリカの「サウスランド・アイス」という氷の売店に、食料品や日用品をそろえて販売したのが始まりだと言われています。この店舗の営業時間が午前7時～午後11時までだったことにちなんで「セブンイレブン」という名前でアメリカにおいて発展してきました。

　日本では、1974年に東京都江東区豊洲にセブン-イレブンの第1号店ができてから、ローソンなど多くのコンビニができ始めました。

　現在、店舗数・売上で、ダントツ1位なのが、セブン-イレブンです。全国で2万店を超える店舗数と4兆5000億円を超える売上となっています（2018年現在）。ローソン、ファミリーマート、サークルKサンクスなどの売上は、まだまだセブン-イレブンには追いついていない状況です。

■コンビニの発展を支える物流

　コンビニ業界が発展する中で、日本の少子高齢化の波にあわせて、高齢者・単身世帯向けのPB（プライベートブランド）商品の開発、女性向けの商品の拡充などにより、着実に顧客が増加しています。震災前は、コンビニは飽和状態だと言われていましたが、今や、国内店舗数は5万5000店を超えそうな勢いです。海外にも積極的に展開しており、セブン-イレブンがアメリカ・カナダ、台湾、タイ、韓国、中国など約3万5000店、ファミリーマートが約1万3000店、ミニストップが約2400店、ローソンが約450店と出店を加速させています。

コンビニの店舗数の推移

(単位：店)

年	店舗数
2008	約41,000
2009	約42,000
2010	約43,000
2011	約44,000
2012	約46,000
2013	約49,000
2014	約51,000
2015	約52,000
2016	約53,000
2017	約54,000

コンビニの売上高の推移

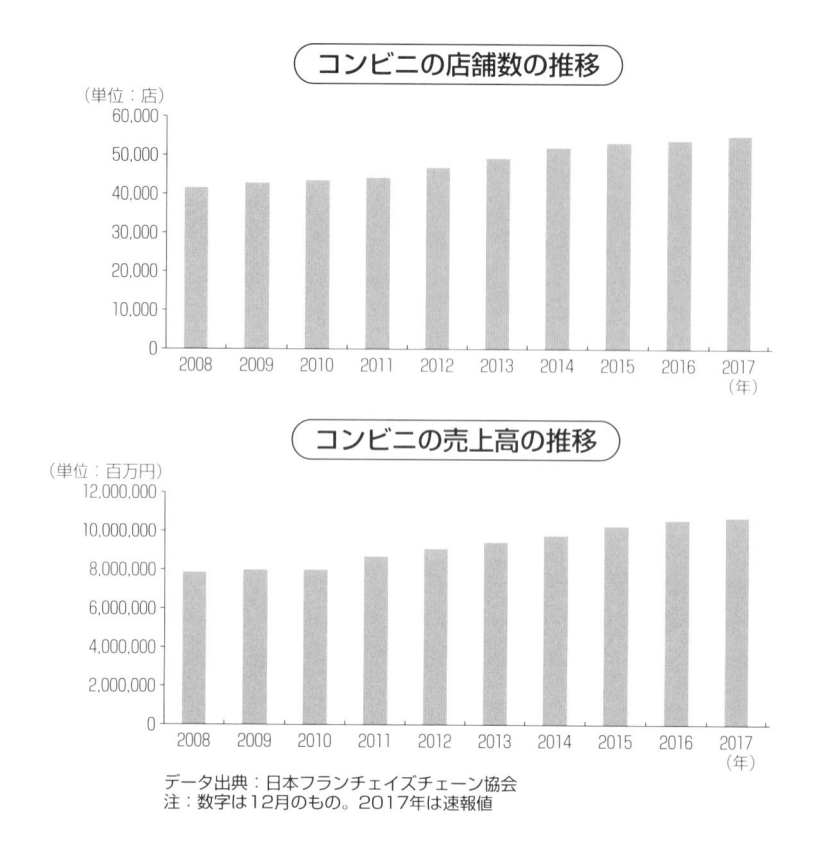

(単位：百万円)

年	売上高
2008	約7,800,000
2009	約7,900,000
2010	約7,900,000
2011	約8,600,000
2012	約9,000,000
2013	約9,300,000
2014	約9,700,000
2015	約10,200,000
2016	約10,500,000
2017	約10,600,000

データ出典：日本フランチェイズチェーン協会
注：数字は12月のもの。2017年は速報値

　拡大を加速するコンビニの経営を支えているのが物流です。1万店を超える店舗から注文された商品を、決められた時間に各店舗に配送するための物流システムの構築は、一朝一夕でできあがるものではありません。網の目のように張り巡らされた、全国の配送網と物流センターの構築があって成り立っているのです。商品の製造から、配送、販売に至るネットワークが連携することで、365日24時間休むことなく配送する物流の仕組みがあるからこそ、日々みなさんが便利に利用できるコンビニの仕組みが成り立っているのです。

9.3 生鮮食品業界

近年、野菜・果実・水産物・花きなどの流通では、卸売市場を通さない「市場外流通」での取引が増加しています。

■農家や漁師と直接取引された商品が店頭に

最近、大手スーパーなどでは、農家と直接契約をして仕入れた野菜や果物、特定の漁師と契約して仕入れた魚などを販売しているところが増えています。2002年にイトーヨーカ堂が始めた「顔の見える野菜」が多くのスーパーに広がっています。

みなさんも、スーパーに買物に行くと、野菜売り場で北海道の富良野で佐藤さんが作ったじゃがいもや、青森県の大間で鈴木さんが獲ったマグロなど、生産者や漁師の写真や産地証明ラベルを貼ったものを見かけることがあると思います。福島県の原発の問題があってから、放射線検査済み、産地、有機栽培、無農薬、天然物などの安全・安心に対する表示に注目する消費者が増えています。

とくにネット通販では、採れたて産直野菜、鮮魚や特別生産の果物など、ギフト用の付加価値の高いものを農家と消費者が直接取引することも多くなっています。生鮮食品の流通において、青果の約6割、水産物の5割弱は卸売市場を通過していますが、年々、卸売市場を通らないものも増加してきています。

■今後の生鮮食品業界の課題

生鮮食品業界の特徴として生産者側の作業負荷の大きさがあります。野菜や果物の形やサイズの選別、小分け、袋詰、ラベル貼付け、梱包など流通加工の手間がかかります。とくに、傷みやすい軟弱野菜などの生鮮品は、短時間で作業することにくわえて、HACCPなどの食品衛生管理基準を守るなど、一般的な商品に比べると手間のかかる作業も発生し

生鮮食料品等の主要な流通経路

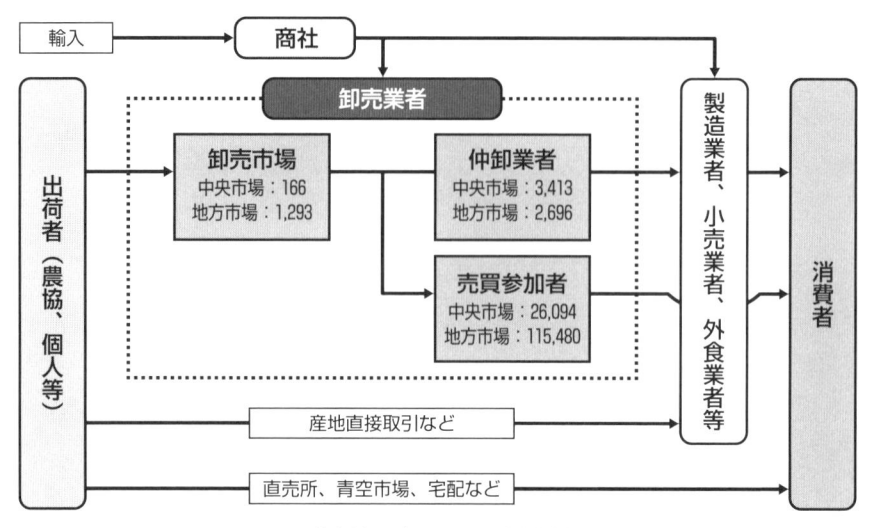

```
輸入 ──→ 商社 ─────────────────────────┐
                                        │
出荷者         卸売業者                   製造業者、
（農協、    ┌─────────────────┐          小売業者、    消費者
個人等）    │ 卸売市場    仲卸業者 │        外食業者等
    ├──→ │ 中央市場:166  中央市場:3,413 │──→
    │    │ 地方市場:1,293 地方市場:2,696 │
    │    │                              │
    │    │           売買参加者          │
    │    │         中央市場:26,094       │
    │    │         地方市場:115,480      │
    │    └──────────────────────────┘
    │
    ├──→ 産地直接取引など ────────────→
    │
    └──→ 直売所、青空市場、宅配など ────→ 消費者
```

（中央市場のデータは2015年度末時点、地方市場のデータは2014年度末時点）

卸売市場経由率の推移（重量ベース、推計）

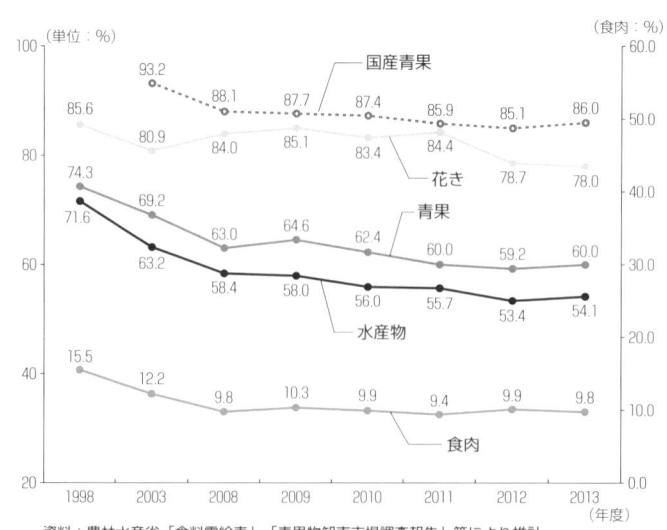

年度	1998	2003	2008	2009	2010	2011	2012	2013
国産青果	85.6	80.9	84.0	85.1	83.4	84.4	85.1	86.0
花き	93.2	88.1	87.7	87.4	85.9	—	78.7	78.0
青果	74.3	69.2	63.0	64.6	62.4	60.0	59.2	60.0
水産物	71.6	63.2	58.4	58.0	56.0	55.7	53.4	54.1
食肉	15.5	12.2	9.8	10.3	9.9	9.4	9.9	9.8

資料：農林水産省「食料需給表」、「青果物卸売市場調査報告」等により推計
注：卸売市場経由率は、国内で流通した加工品を含む国産及び輸入の青果、水産物等のうち、卸売市場（水産物についてはいわゆる産地市場の取扱量は除く。）を経由したものの数量割合（花きについては金額割合）の推計値

ます。その他に、ハウス栽培を除いて、露地物の野菜は自然環境の影響を受けるため、生産量をコントロールできません。季節によって、干ばつや台風などの天候により、野菜や果物の大きさが変わったり、虫食いが発生したりと生産量が大きく変動するのです。

つまり、予定した数量をお客様に届けられない可能性があるため、流通、物流面において作業負荷が大きくかかります。

受け手側にとっては、発注数量と入荷予定数の差異、野菜や果物の等級・規格などの品質の低下による出荷停止や納期遅延などのトラブルがあります。このことにより、受け手側では、発注キャンセル処理、伝票の訂正処理、お客様への納期遅れの連絡、運送会社への配送変更指示など業務上の作業負荷が増えます。生産者ごとに、品種、ロットなどを処理するとなると、相当な作業が発生するのです。

このように生鮮食品流通には、鮮度管理、衛生管理、賞味期限管理、トレーサビリティ（生産履歴管理）の構築など、流通や物流のプロセスにおいて厳しい条件がたくさんあります。こうした条件をクリアした安全・安心な食品がみなさんの食卓に並んでいるのです。今後、生産者本位から消費者優位の社会への転換の中で、企業はいかに消費者に受け入れてもらえる商品・物流サービス・組織を作ることができるかが問われています。

9.4 広域食品スーパーチェーン

> かつては小売の花形だった総合スーパーも、消費者の生活スタイルや嗜好の変化によって大きな影響を受けています。

■急成長を遂げたものの集客力を失う

　総合スーパーは、1960年代から70年代にかけて急成長を遂げました。日常生活に欠かせない食料品から衣料品、日用品など、大型の店舗に品揃えすることで消費者をひきつけてきました。しかし、1980年代に入って小売間の競争が激化する中で、「何でもあるけど欲しいものが何もない」という品揃えになってしまい、消費者の満足度を高められず、集客力を失ってしまいました。その後、1990年代以降は、食品スーパー、ドラッグストア、家電量販店、ホームセンター、カジュアル衣料品店などの専門店が売上や店舗数を伸ばしてきました。

　その専門店の中で、店舗数と売上高を一番伸ばした業態が食品スーパーです。食品スーパーで購入する商品は、軟弱野菜など保存期限が短く、飲料など日々消費するものが多いため、来店頻度は平均して週に3、4日と他の専門店に比べて多いのです。商圏は、徒歩や自転車で約1km、車で約2kmの範囲内であるため、他の専門店と比べると安定した売上が見込めるのです。商圏が小さいため、高密度で1つの地域に複数の店舗を出店しやすく、運営ノウハウなどを標準化した店舗を横展開できるのです。つまり、チェーン店化しやすいために、多くの店舗を各地域に増やすことができたのです。

■セブン＆アイホールディングス、イオンが2大グループに

　食品スーパーは、セブン＆アイホールディングスのヨークベニマルや、イオンのマックスバリュなどの2大スーパーを中心として、グループの再編が続いています。

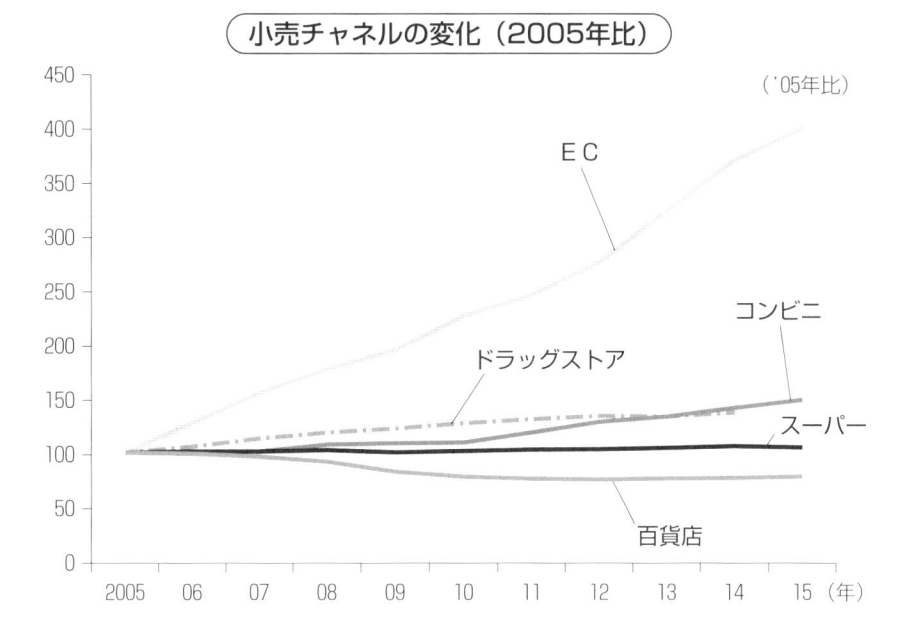

小売チャネルの変化（2005年比）

（'05年比）

- EC
- コンビニ
- ドラッグストア
- スーパー
- 百貨店

出所：経済産業省「商業動態」「電子商取引実態調査」／日本チェーンドラッグストア協会

　また、スーパー業界では、「共同仕入れ機構」というカテゴリーで分けると、4つの大きなグループに分かれて、各社の連携や再編が続いています。

　1つ目は、CGC（シージーシージャパン）で、Olympic、原信ナルス、アークスが連携しています。アークスが青森のユニバース、岩手のジョイスを傘下に収めて、北海道から南下して勢力を拡大しています。

　2つ目は、ニチリウ（日本流通産業）で、関西地盤のオークワやサンエー、イズミ、ライフコーポレーション、平和堂などが連携しています。ライフコーポレーションが埼玉県で29期連続最高純利益更新のヤオコーと提携しPB商品の拡充など連携を強化しています。

　3つ目は、八社会で、相鉄ローゼン、東武ストア、東急ストアが連携しています。

　4つ目はオール日本スーパーマーケット協会で、ヤマナカ、関西スーパーマーケット、サミットがあります。

このようにグループ化するのは、配送先が同じであれば、共同配送を行なうことにより、輸配送効率を上げられるからです。食品のように単価の低い商材は、物流の効率化が利益確保のための大きなカギを握っています。

　業界再編スピードの早い業界であり、総合スーパーのトップだったダイエーや世界15か国まで出店したヤオハンも、イオンに統合されてしまいました。これから先、イオンやセブン＆アイホールディングスを超える食品スーパー連合が出てくる可能性もないとは言えません。

　さらに最近は、リアル店舗とネットを有機的につなげたオムニチャネルを大手流通は標榜して取り組みを始めました。

9.5 出版業界

スマートフォンの広がりで電子書籍が普及し始め、まだ市場としては小さいものの、雑誌や書籍で情報を得るという機会が減少しています。

■厳しい状況が続く出版業界

電車に乗っているほとんどの人が片手に携帯電話やスマートフォンをもって、インターネットで情報収集するようになり、新聞や雑誌の情報もデジタル媒体で読むようになってきています。このような状況にあり、出版業界の販売金額は、長年、前年割れの厳しさが続いています。

出版業界には、3者のプレイヤーがいます。まずは、書籍・雑誌などを発行する「出版社」で、日本には大小約3300社があると言われています。その出版社からの書籍を書店に供給する「取次」と、消費者に販売する「書店」です。近年、オンライン書店の台頭で、リアル書店の数は減少傾向にあります。

■出版業界の流通の仕組みと特有の販売制度

このように書籍の流通は「出版社」→「取次」→「書店」→「消費者」の順に流れていきます。物流の流れでは次のようになっています。
①出版社や製本所から物流センターに書籍・雑誌が納品されます。②倉庫で短冊を入れたり、差し込み物をセットするなど流通加工をして取次や書店、個人に向けて配送されます。③取次からの返本作業として、書名別返本、定価別返本作業を行ない出版社側に配送して返品します。

返品作業が発生するのは、出版業界特有の2つの販売制度があるためです。

1つ目は「再販売価格維持制度」があり、出版社が決めた価格を取次、書店が守らなくてはならないこと。どこの書店で本を購入しても割引が

日本の出版物の推定販売額（取次ルート）

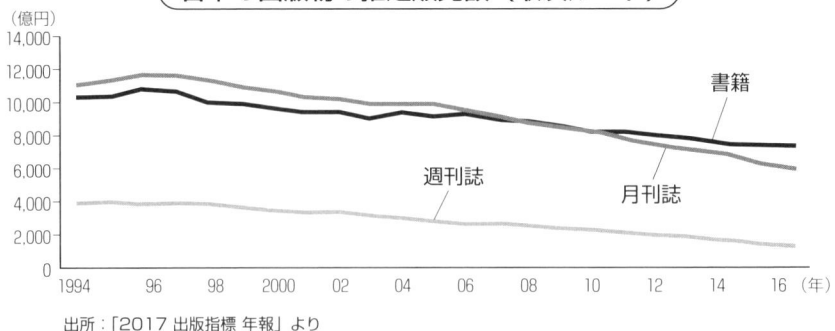

出所：「2017 出版指標 年報」より

出版社数と総売上高推移

出所：「出版物販売数の実態 2017」より

ないのはこの制度のためです。

　2つ目は「委託制度」という、ある一定期間であれば、いったん仕入れた書籍を返品できる制度があります。書店の在庫リスクを減らすことで、出版社側が書店にたくさんの書籍を置いてもらうための施策です。この2つ目の制度があるために、業界平均で返本率は約35％と言われているような大量の返品物流が発生しているのです。

　近年、書籍、雑誌の売上の減少から、多くの出版社が売上を落としています。最大手の取次の日本出版販売、トーハンの売上も減少傾向にあり、大阪屋栗田―OaK出版流通―は経営再建に取り組んでいます。

9.6 製造小売型アパレル（SPA）

1990年代以降企画から販売まで一気通貫のSPAモデルによって売上を伸ばしてきた企業も、踊り場にさしかかっています。

■アパレル業界の売上を左右する3つの要因

「衣・食・住」という言葉がありますが、なぜ、"衣"が一番先に来るのでしょうか？　諸説ありますが、「食住は獣もなすが、衣を享受することは人間のみに与えられた尊厳である」と言われ、洋服を選んで着て、個性を主張したりするのは人間だけなのです。つまり、人間が生活していくうえで、必ず消費するものの1つが衣服なのです。

近年、国内では、衣服が売れないと言われており、アパレル業界は、最盛期で23兆円あった規模が現在半分以下の9兆円に減少して市場規模の縮小が続いています。

アパレル業界は、3つの要因で売上が左右されます。

1つ目は景気動向です。国民の平均所得が下がれば、衣料品の消費意欲は減退します。

2つ目は天候です。例えば、冷夏で夏物が売れないとか暖冬でコートが売れないなど需要と予測が外れると、大きな損失を招きます。

3つ目は流行で、商品寿命が短いため、時期やタイミングを外すと、価値が大きく低減してしまいます。例えば、去年流行っていたロングコートは、今年は、ショートコートが流行っているのであれば売れません。

このような業界の特徴に対して、これまでアパレル業界はメーカーと小売の間でリスクを分散するために独特の商習慣で商売を行なってきました。一般的に3つの方式があり、「買い取り」「委託仕入れ」「消化仕入れ」と呼ばれます。それぞれを説明すると、「買い取り」は、小売側が買い取って売り切る、「委託仕入れ」は、小売側が売れ残った商品を返品できます。「消化仕入れ」は、売れた分だけ仕入れ計上するという

国内繊維産業の事業所数及び製造品出荷額

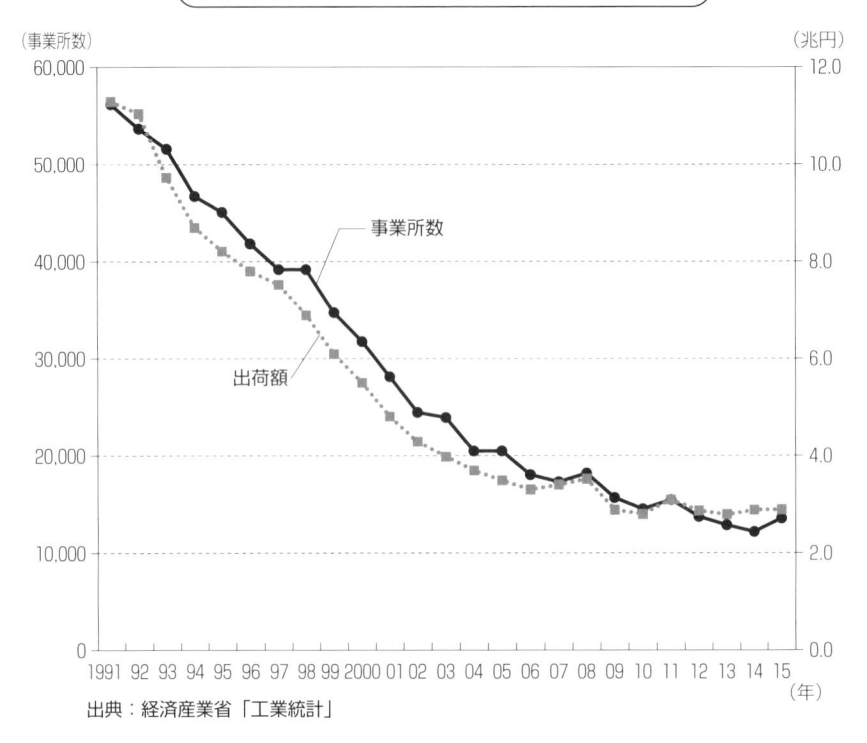

出典：経済産業省「工業統計」

やり方です。いずれも「誰が売り切るのか」、または「誰が廃棄ロスを計上するのか」の責任の違いです。返品されるのがわかっていれば、メーカーは返品分の価格を上乗せしますし、返品が怖いから強気の生産ができないため、売れ筋商品の欠品による機会損失も大きくなります。小売側からすれば、返品できるのであれば、売り切る力が弱まることは必然のことです。

　アパレル業界は、素材生産から販売に至るまで、中小・零細企業の多くのプレイヤーが連携して洋服を生産しています。素材メーカーであれば、東レ、旭化成、帝人のような大手メーカーは数社しかありません。また、多段階の生産工程を踏むために原価も上がり、市場の消費者とのニーズや需給に大きなズレが発生しやすいために独特のリスク分散の商習慣が生まれたのです。

■SPAとは？

　このような問題点を解消するべく生まれたのが、最近よく耳にする"ファストファッション"を売りにしている企業が行なっているSPA（製造小売業）です。アメリカのGAPが初めに生み出した手法です。

　SPAとは、洋服の販売を行なっている小売業が自社で販売したい商品を企画、製造し、販売まで一貫して行なうことです。SPAのメリットは、自社で商品企画をするため消費者のニーズに合わせて必要な量の洋服を生産できることです。生産過程での取引が少なくなるのでコスト削減ができ、メーカーへの返品取引もなくなるため、1着あたりの洋服の原価を大きく下げることができるのです。ただし、デメリットは、ある程度の企業規模がないと、売れない商品を作った場合に損失が大きいことが挙げられます。

　日本では、SPAを行なっている代表的な企業として、ユニクロ（ファーストリテイリング）が一番売上をあげていますが、ポイント、ハニーズ、青山商事やワールドなども行なっています。

　このSPA方式は、企画、生産、製造、販売まですべて1社でコントロールできるため、海外生産された商品を物流面での輸配送・保管などを市場の需給に対してタイミングよく行なうことができ、とても効率的です。物流コストの削減も川上から川下まで細分化して徹底して行なうことができるのです。

　このようにSPAモデルにより低価格路線の専門店が拡大する中で、少子高齢化、景気低迷により1世帯あたりの衣料品関連支出が伸び悩み、各社は中国など成長の続くアジアのマーケットへの進出を加速させている状況です。

9.7 スポーツ用品業界

2020年の東京でのオリンピック開催でスポーツ用品業界も五輪効果を期待したいところですが、少子化の影響などで市場全体が縮小しています。

■2020年のオリンピックに向けて市場拡大に期待感

近年、東京マラソンの開催などでマラソンブームや富士山の世界遺産登録による富士登山などの登山ブーム等スポーツ用品の特定分野での販売は伸びています。また、2020年の東京オリンピック開催に向けて、スポーツ用品の市場拡大に期待感が膨らんでいます。

しかし、スポーツ用品業界は、少子高齢化の影響などにより2011年まで売上が減少していましたが、以降はランニングブームなどを背景にプラス成長を続けています。結果的にスキーやスノーボード、ゴルフなど「参加型スポーツ」に対する支出は、減少しています。

その反面、予防医学の観点からメタボ対策など、健康維持や増進のための体操やスポーツなど、高齢者でもできる生涯スポーツの裾野は広がってきています。

■スポーツ用品業界の特徴

スポーツ用品業界の勢力図を見ると、世界の２大総合スポーツ用品メーカーのナイキとアディダスや、プーマがあります。国内のメーカーではミズノ、アシックスの２強を中心として、デサント、ゴールドウインなどがあります。その他の国内メーカーは、それぞれ特定のスポーツ分野に特化したメーカーで、ヨネックス（バドミントン・テニス・ゴルフ）、ダンロップスポーツ（ゴルフ・テニス）、ブリヂストンスポーツ（ゴルフ）、シマノ（自転車・釣具）などがあります。

こういったメーカーの商品がエスエスケイやゼットといった卸売を経由して、ゼビオ、メガスポーツ（スポーツオーソリティ）、ヒマラヤ、

日本のプロ野球、サッカー日本代表、なでしこジャパン、Jリーグチームのファン人口の推移

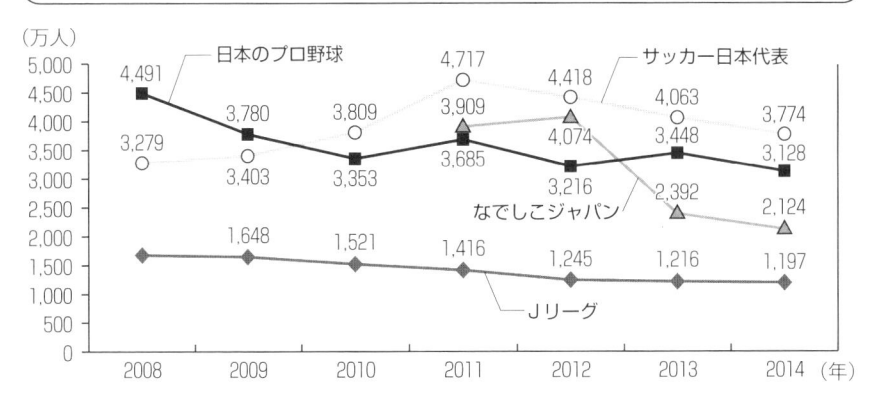

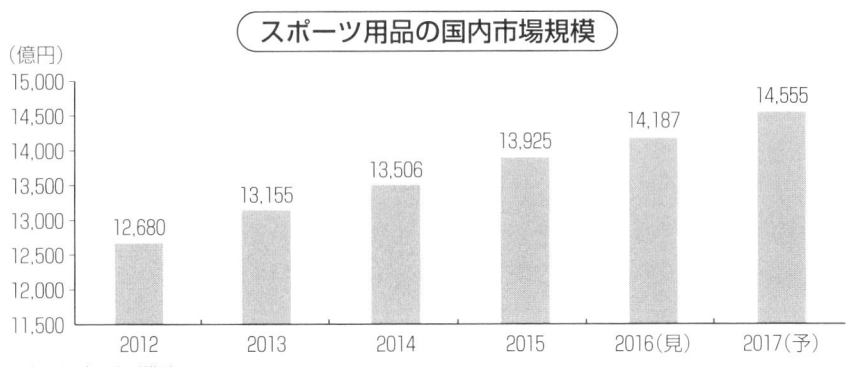

(万人)

年	日本のプロ野球	サッカー日本代表	なでしこジャパン	Jリーグ
2008	4,491	3,279	—	1,648
2009	3,780	3,403	—	1,648
2010	3,353	3,809	—	1,521
2011	3,685	4,717	3,909	1,416
2012	3,216	4,418	4,074	1,245
2013	3,448	4,063	2,392	1,216
2014	3,128	3,774	2,124	1,197

スポーツ用品の国内市場規模

(億円)

年	金額
2012	12,680
2013	13,155
2014	13,506
2015	13,925
2016(見)	14,187
2017(予)	14,555

※矢野経済研究所推計
注1：メーカー出資金額ベース
注2：(見)は見込額、(予)は予測額

ゴルフ5などの小売で販売されています。

スポーツ用品業界の特徴として、それぞれのスポーツごとに小さく単独で商売をしているところが多く、剣道、柔道、空手、テニスなど専門用品だけやっているため、物流は効率化できていないところが多いと言えます。そこで、2009年にゼット、日立物流、佐川急便、イー・ロジットの4社でジャスプロというスポーツ用品業界特化型共同物流会社を立ち上げて、スポーツ用品業界の物流活性化のための取り組みも行なわれています。

9.8 外食（ファミレス・居酒屋チェーン）

飲食業界は、個人店の7割が3年以内に廃業している中で、外食チェーン店の業界再編や激しい競争が続いています。

■外食業界の売上は縮小傾向に

　みなさんも、若い頃から慣れ親しんで利用している、ファミレスや居酒屋チェーン店があるかと思います。また、ファミレスや居酒屋チェーン店でアルバイトをしたことがある人もたくさんいると思います。身近にたくさん増えているように見える店舗ですが、この20年間で業界市場は縮小し、倒産、M＆Aなど再編が続いています。

　外食元年とも呼ばれた1970年代から1990年代までは、女性の社会進出、核家族化、単身世帯の増加などにより家庭内の食事を取り込む形で、順調に30兆円目前まで市場規模が拡大していました。しかし、バブル崩壊を契機として、リーマンショックも重なり、「中食」に代表されるように惣菜や弁当を買って帰って家で食べる人が増加し、外食の売上が急減していました。2011年以降は訪日外国人の増加の影響で増加傾向にあり、25兆円を超える規模まで回復しています。

　このような業界の中で各社の競争が激化しています。ファミレス系では、最大手すかいらーくが投資ファンドのもとで2014年に再上場し、売上も増加傾向になっています。すき家、なか卯など牛丼最大手のゼンショーホールディングスがM＆Aによりココス、ジョリーパスタ、ビッグボーイを取り込んでファミレス業界の2番手の規模に拡大しています。

　近年、店舗数を増やしているサイゼリヤでは、着実に売上を伸ばすために生産・物流改革を行なっています。国内外の生産拠点で100以上の改革を実施し、工場から店舗への食材の配送ルートの見直しなどを行なっています。

　その改革の事例として、トラックの積載率向上のために、名古屋と長

外食産業市場規模の推移

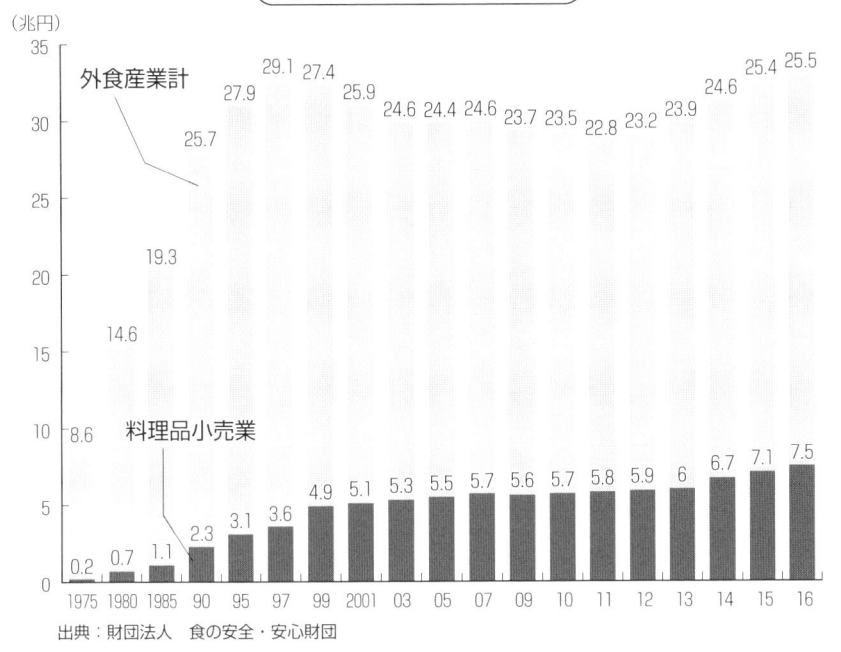

（兆円）

年	外食産業計	料理品小売業
1975		0.2
1980	8.6	0.7
1985	14.6	1.1
90	19.3	2.3
95	25.7	3.1
97	27.9	3.6
99	29.1	4.9
2001	27.4	5.1
03	25.9	5.3
05	24.6	5.5
07	24.4	5.7
09	24.6	5.6
10	23.7	5.7
11	23.5	5.8
12	22.8	5.9
13	23.2	6
14	23.9	6.7
15	24.6	7.1
16	25.4 / 25.5	7.5

出典：財団法人　食の安全・安心財団

野、岡山の3か所に「中継地点」を設けて、1日あたりのトラック使用台数を削減。また、提携している運送会社から燃費や走行距離のデータを取得し、燃費効率のよいドライバーノウハウを共有するなど、荷主と運送会社の密接な連携により、物流コストの削減を達成しています。

また、福島県に100万坪の自社農場を保有し、収穫直後に野菜が休眠する4℃ですぐに保管して出荷する、自前の物流コールドチェーンシステムを構築するなど、自社で独自の物流改革に取り組んでいます。

この物流改革により工場から店舗への食材配送回数を"増やす"ことで、店舗の食材在庫を削減させます。そして、店舗の食材ストックを置くスペースを減らすことで、客席数を増やし集客力を高めようとしています。この戦略は、2004年のマクドナルドの物流改革の配送頻度を週3回から週7回にして、店舗の冷蔵庫を小さくし、店舗の客席を増やして売上を上げた戦略と同じです。

また、デニーズでは、セブン＆アイグループの配送網を活かして、契

約農家から製造工場、物流センターから店舗までのコールドチェーンを再構築することにより物流の効率化を図っています。

　次に、居酒屋チェーンでは、モンテローザ（白木屋・魚民・笑笑など）が未上場ながら国内最大手の居酒屋チェーンです。モンテローザグループは、全国に6か所の物流センターを構え、提携農場からのコールドチェーンを確立し全国の約1800店舗を超える店舗に向けて独自の配送網で物流の効率化を図っています。

　この他に介護事業や宅食事業で売上を伸ばすワタミでは、北海道、関東、関西、九州にあるワタミファームから野菜を定期的に輸送するルートを構築し、工場併設の物流センターで他の商品とあわせて各店舗へ出荷を行なっています。独自の物流管理システムを活用して、仕入先と共同配送システムを構築するなど効率的な輸配送体制を作り上げ、物流の効率化に取り組んでいます。

　また、大庄では、品川物流センターをベースとして、名古屋物流センターなどとあわせたコールドチェーンを独自で作り上げ、全国約970の施設に365日配送を行なっています。

　このように、ファミレス・居酒屋での低価格メニューを実現するためには、徹底した物流の効率化が欠かせないのです。

9.9 ドラッグストアチェーン

> ドラッグストアでは、最近は薬だけでなく日用雑貨や化粧品、食品まで販売しており、拡大傾向にある業態です。

■ドラッグストアは売上拡大している

　ドラッグストアに買い物に行って驚かされるのは、薬だけでなく、化粧品や掃除用品、シャンプー、ドッグフードまで売っていることです。店によっては文具やSDカードも売っていたり、牛乳やジュースなどの飲料、野菜や冷凍食品、ハムやチーズなど加工食品も雑誌も置いてあり、総合スーパー並みの品揃えになっているところもあります。

　なぜ薬以外のものが店頭に並ぶようになったのでしょうか？

　高齢化社会を迎えた日本では、車ではなく徒歩や自転車で移動できる距離が生活圏内になっている高齢者が増加しています。

　一方で、昔ながらの日用品や食品を売る小売店や商店街は歩いていける距離からは減少しています。そんな中で、コンビニとスーパーの中間ぐらいの品揃えの日用品＋食品があり、健康食品や薬が豊富にあるドラッグストアは、病気も多くなりがちな高齢者に圧倒的な支持を受けていると言えるでしょう。

　その結果、小売業の中でも唯一成長を続けている業態で、2001年からの10年間で3兆円から2倍の6兆円市場に売上が拡大しています。しかし、2009年の改正薬事法により、コンビニやスーパーでも医師の処方がいらない一般用医薬品（風邪薬・胃腸薬）が販売できるようになったり、インターネットでの一般用医薬品の販売が許可されるなど、実店舗での販売にも競争の波が押し寄せています。

■物流の最適化・効率化を図る主要各社

　このような状況の中で、マツモトキヨシホールディングスやココカラ

拡大し続ける国内ドラッグストア市場規模

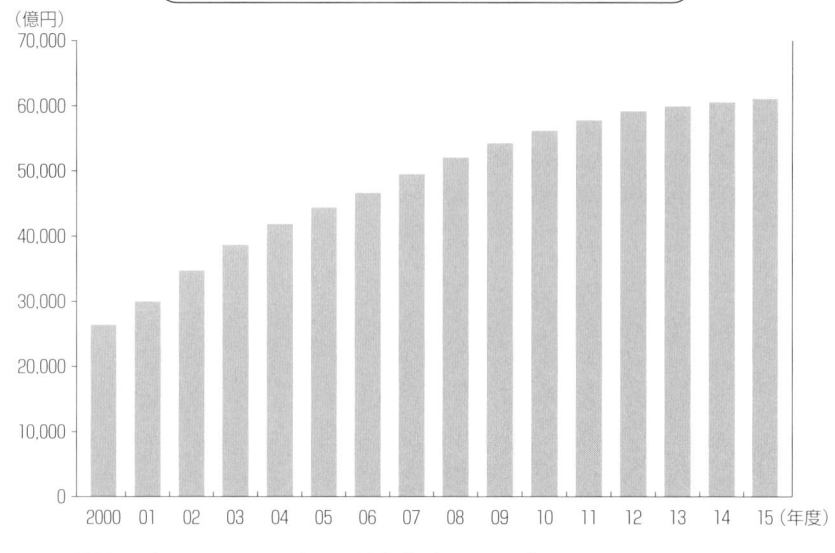

(億円)、2000年度から2015年度までの棒グラフ。2000年度約26,000億円から2015年度約61,000億円まで継続的に増加。

資料：日本チェーンドラッグストア協会「日本のドラッグストア実態調査」をもとに作成

　ファインホールディングス、サンドラッグ、スギホールディングス、ツルハホールディングス、ウエルシアホールディングスは、地方の薬局グループをM&Aするなど規模の拡大による再編や物流体制の効率化を進めています。2016年には、ウエルシアホールディングスは約20年間業界トップだったマツモトキヨシホールディングスの売上高を抜きました。

　物流面では、3PL企業の活用や共同配送など各社グループごとに物流の最適化を図っています。例として、スギホールディングスでは、愛知県春日井市に自社のロジスティクスセンターを建てて、「オリコン仕分けロボット」や自動倉庫、最新の在庫管理システムなど、徹底した物流の効率化をしています。

　このように医薬品だけでなく、日用品、化粧品、食品など、扱う商品に温度帯管理やロット管理が求められ、何万アイテムにもなるため、物流の効率化を図ることが今後もより一層求められる業界です。

索　引

数字・アルファベット

3PL ··· 58, 62
7Rの原則 ·· 48
ABC分析 ··· 125, 143
BSC ··· 54, 56
DC ··· 35, 172
EC ·· 15
JIS ·· 92, 98
JIT ·· 70
KPI ··· 56, 174
PB ·· 183
PDCA ··· 56, 158
POSシステム ·· 13
QCD（出荷・コスト・納期） ·· 61, 137, 158, 174
QC活動 ··· 172
SCM ··· 26, 46, 64
SPA ·· 195
SWOT分析 ·· 56
TC ·· 35, 58, 172
WMS ·· 140

あ

アナログ検品 ·· 114
一次輸送 ··· 35, 68
一貫輸送 ··· 76
一斉棚卸 ··· 132
インテグレータ ·· 84
運送会社 ··· 62, 80
運送業界 ··· 34
運搬 ·· 108
乙仲 ·· 81
卸売 ·· 16
卸売業者 ·· 14
卸売業 ·· 16

か

海運貨物取扱業者（海貨業者） ············· 81
外航海運 ··· 80
回収物流 ··· 40

外食業界 ·· 198
外装 ·· 72, 94
外装検品 ·· 112, 116
価格調整機能 ·· 14
加工検品 ·· 114
カタログ通販 ··· 180
活動基準原価計算 ··························· 161, 168
かんばん方式 ·· 49
キャッシュフロー ·························· 58, 126
供給 ·· 8
供給連鎖 ·· 45, 61
共同配送センター ··································· 43
業務用包装 ·· 90
金融機能 ··· 16
ケアマーク ·· 98
経営支援機能 ·· 17
欠品率 ·· 127, 174
検品 ·· 112
工業用包装 ·· 90
航空会社 ··· 80
航空貨物 ··· 84
航空輸送 ··· 68
小売業者 ··· 14
国際航空輸送 ·· 84
国内航空輸送 ·· 84
固定ロケーション ································· 123
混載貨物 ··· 84
混載差益 ··· 84
コンテナ輸送 ·· 76
梱包 ·· 118
梱包あたり物流コスト ························ 157
梱包会社 ··· 80

さ

サードパーティー・ロジスティクス ······· 62
在庫型物流センター ····························· 172
在庫管理 ······································· 16, 126
在庫差異 ·· 127
在庫精度 ·· 127
在庫調整機能 ·· 14

在庫分析機能	142	生産履歴管理	187
サプライチェーン	45, 61	積載貨物量	72
サプライチェーン・マネジメント	26, 45, 46	積載率	52, 72, 155
サプライヤー	40	センターフィー	164
自家倉庫費	161, 165	全体最適	47
事業継続計画	34	船舶（海上）輸送	68, 80
自己運送	80	戦略物流	52, 54, 61
資材会社	62	倉庫会社	62
資材費	161, 162, 165	倉庫管理システム	140
実車率	72	倉庫内機器費	165
実地棚卸	132	倉庫費	155
実働率	72	倉庫ロケーション	122

た

シッピングマーク（荷印）	98	滞留在庫	155
品揃え機能	14	タコグラフ	150
支払い運賃	164	棚卸	132
支払作業料	164	棚番管理	123
支払保管料	164	他人運送	80
事務所費	162, 166	段ボール	92
車扱い輸送	74, 76	長距離輸送	74
ジャストインタイム	38, 45, 49, 122	調達	16
社内物流	40, 46	調達物流	40, 46
車輌維持費	164	直送貨物	84
車輌費	164	貯蔵型物流センター	35
重点棚卸	134	通販業界	30, 180
集品	108, 111	積卸し	37, 108
重要業績評価指標	56, 174	積付け	38, 108
出荷検品	112, 145	定期棚卸	132
需要	8	ディストリビューションセンター	35
循環棚卸	134	適正包装	96
商業用包装	90	デジタル検品	114
常時棚卸	134	デジタルタコグラフ（デジタコ）	150
消費者包装	90	デジタルピッキング	118
情報機器費	166	鉄道輸送	68, 74
情報処理	35, 37, 52, 61	デパレタイズ	108
情報処理費	161, 165	電子商取引	15
情報提供機能	17	動脈物流	40
消耗品費	166	トラック運送事業	70
商流	10	トラック事業者（旧通運業者）	70, 76
商流機能	64	ドラッグストア	201
仕分け	37, 108, 111	トラック輸送	32, 68, 70, 148
人件費	157, 160, 162	トランスファーセンター	35, 58
スーパー中枢港湾整備	82	トレーサビリティ	187
数量管理	126	トレードオフ	42, 172
ストレッチフィルム	104		
生産	8		

索引

問屋機能 64

な

内航海運 80
内装 94
荷役 10, 35, 37, 38, 52, 108
荷崩れ 104
二次輸送 68
荷姿転換 135
荷主企業 62, 72
日本貨物鉄道 77
入荷 116
入荷検品 112, 116
ネット通販 180
ノード 68

は

バーコード検品 118, 147
バーコード出荷検品システム 145
廃棄物流 40
配送 68
配送費 155, 160, 164
ハインリッヒの法則 120
バランス・スコアカード 54
パレタイズ 108
パレット 104
ハンディターミナル 145
販売機能 16, 64
販売物流 40, 46
販売時点情報管理システム 13
ピッキング 38, 111, 118
ピッキングリスト 118
品質チェック機能 14
フォワーダー 81, 84
複合一貫輸送 70
物資の供給連鎖 61
物流 10, 26, 44
物流6大機能 35, 52
物流ABC 157, 168, 161
物流KPI 54
物流管理指標 54
物流機能 16
物流業 10

物流業者 62
物流コスト 130, 154
物流センター 18
物流ネットワーク 42, 58, 68
不定期棚卸 134
不動在庫 127
船会社 80
部分最適 47
フリーロケーション 123
プロセスセンター 35
分業化 12, 88
返品物流 40
包装 10, 35, 38, 52, 88
包装貨物 102
包装資材 72, 90
保管 10, 30, 35, 38, 52, 108, 109, 122
保管・流通加工費 160
保管費 164

ま

マテハン 108, 111
マテハン機器 37, 108
マテハン費用 161
モーダルシフト 70, 76

や

輸送 30, 35, 44, 68
輸送機器 88
ユニットロードシステム 102
輸配送 10, 35, 38, 52, 68, 88
輸配送管理システム（TMS） 37, 148
輸配送コスト 72

ら

リードタイム 126
リテイルサポート 17
流通加工 10, 30, 35, 37, 52, 135
流通型物流センター 35
流通業 14
流通網 12, 18
リンク 68
ロケーション管理 123, 125
ロジスティクス 26, 45, 46, 47

205

執筆者略歴

宮野 雅則（みやの　まさのり）
株式会社イー・ロジット コンサルタント。1968年大阪府生まれ。東京大学教育学部附属高等学校（現・附属中等教育学校）卒。拓殖大学外国語学部卒業後、大手物流会社で10年間の勤務を経て、2000年6月、株式会社イー・ロジットへ入社。設立間もない同社で社内業務体制の整備や通販向け配車・倉庫管理システム、物流経理システムを構築。コンサルティング部部長を経て、現在はロジスティクスコンサルタントとして物流サービスおよび品質の向上、コスト改善、作業効率化のための業務改善指導を中心に企業活動をサポート。近年は、製造兼卸売業での改善指導が多い。講師活動においては、基調講演、企業研修等で年間30本の講座を受け持つ。
担当：第3章、第4章、第6章、第7章、第8章

清水 一成（しみず　かずなり）
株式会社イー・ロジット コンサルタント教育責任者。1973年生まれ。日本大学経済学部卒業後、大手小売業にて在庫管理、販売管理、人材管理を経験。その後、財団法人筑波メディカルセンターの購買部門で、電子カルテ導入や医療材料・機器、医薬品管理に携わり、コストダウンなど院内物流業務改革を達成。アスクル株式会社では、医薬品・医療機器通販事業の立ち上げを行なう。その後、イー・ロジットに参画し、現場の失敗から学んだ経験に基づく独自の図やイラストが満載の楽しく学べるテキストで、これまで100社1000人以上の社員研修を行なう。現場主義を貫き、全国で物流人材育成や物流改善コンサルティングを行ない、成果を出している。
担当：第1章、第2章、第5章、第9章

角井亮一（かくい　りょういち）

株式会社イー・ロジット 代表。1968年生まれ。上智大学経済学部経済学科を3年で単位取得終了し、渡米。ゴールデンゲート大学MBA取得（マーケティング専攻）。帰国後、船井総合研究所入社。その後、不動産会社勤務を経て、光輝グループ入社。物流コンサルティングおよびアウトソーシングの分野で活動。2000年、通販物流を行なう株式会社イー・ロジット設立、代表取締役に就任。物流全般のコンサルティング・セミナー活動などを行なう。日本物流学会理事。おもな著書に、『よくわかるIT物流』『〈図解〉よくわかる物流のすべて』（日本実業出版社）、『トコトンやさしい戦略物流の本』（日刊工業新聞社）、『物流がわかる』（日本経済新聞出版社）などがある。その他、無料メルマガ「物流話」を公開中。

〈問合せ先〉
info@e-logit.com
http://www.e-logit.com/

〈図解〉基本からよくわかる物流のしくみ

2014年2月20日 初版発行
2021年6月10日 第7刷発行

監修者　角井亮一 ©R. Kakui 2014
発行者　杉本淳一

発行所　株式 日本実業出版社　東京都新宿区谷本村町3-29 〒162-0845
　　　　　　　　　　　　　　　　大阪市北区西天満6-8-1 〒530-0047
　　　　編集部 ☎03-3268-5651
　　　　営業部 ☎03-3268-5461　振替 00170-1-25349
　　　　　　　　　　　　　　　　https://www.njg.co.jp/

印刷／壮光舎　製本／共栄社

この本の内容についてのお問合せは、書面かFAX（03-3268-0832）にてお願い致します。
落丁・乱丁本は、送料小社負担にて、お取り替え致します。

ISBN 978-4-534-05155-4　Printed in JAPAN

日本実業出版社の本

最新《業界の常識》
よくわかる物流業界
齊藤 実　　定価 本体 1400円（税別）

物流業界のしくみや歴史から、環境・安全問題への取り組み、物流携帯端末の先端技術など、最新トレンドまでを網羅し、コンパクトにまとめた一冊。業界の「いま」と「これから」がわかる！

この1冊ですべてわかる
物流とロジスティクスの基本
湯浅和夫　　定価 本体 1500円（税別）

欠品や機会損失を防ぎ、最適な在庫を実現するための一冊。物流面からアプローチして、バリューチェーンの作り方をやさしく説明します。生産、仕入、在庫管理の基本も体系立てて理解することができ、物流企業やメーカー関係者は必読です。

図解
SCMのすべてがわかる本
石川和幸　　定価 本体 1800円（税別）

たくさんの成功事例に関与したコンサルタントが、SCMの基本から生産計画、需要予測、販売計画、需給計画などの立案・改善のポイント、構築するためのステップまでをわかりやすく解説。これから導入する方はもちろん、再構築する方にもお勧めの一冊です。

定価変更の場合はご了承ください。